WISSENSCHAFTLICHE BEITRÄGE AUS DEM TECTUM VERLAG

Reihe Ethnologie

WISSENSCHAFTLICHE BEITRÄGE
AUS DEM TECTUM VERLAG

Reihe Ethnologie

Band 4

Sarah Lempp

Über den Black Atlantic

Authentizität und Hybridität in der Capoeira Angola

Tectum Verlag

Sarah Lempp

Über den Black Atlantic.
Authentizität und Hybridität in der Capoeira Angola
Wissenschaftliche Beiträge aus dem Tectum Verlag:
Reihe: Ethnologie; Bd. 4

ISBN: 978-3-8288-3115-5

ISSN: 2191-2637

Druck und Bindung: CPI buchbücher.de, Birkach
Printed in Germany

Besuchen Sie uns im Internet
www.tectum-verlag.de

Bibliografische Informationen der Deutschen Nationalbibliothek
Die Deutsche Nationalbibliothek verzeichnet diese Publikation in der Deutschen Nationalbibliografie; detaillierte bibliografische Angaben sind im Internet über http://dnb.ddb.de abrufbar.

Danksagung

Mein besonderer Dank geht an die Mitglieder der *Associação de Capoeira Angola Dobrada,* die mir sehr offen von ihren Eindrücken und Erfahrungen erzählten. Ich hoffe, dass ihr euch in meinen Schilderungen wiederfindet oder diese zumindest nachvollziehen könnt.

Inhaltsverzeichnis

»Eu não sou daqui,
marinheiro sou...«

(Zeile aus einem Capoeira-Lied –
»Ich bin nicht von hier,
ich bin ein Seefahrer...«)

0 Einleitung

0.1 »Wenn man dem zum ersten Mal begegnet, denkt man sich: Was ist das denn?«

Bei strahlender Sonne hat sich sonntagnachmittags eine Gruppe Menschen in der Nähe des Stadtparks auf einem öffentlichen Platz versammelt. Während die Mehrheit der Beteiligten im Kreis auf dem Boden sitzt, sitzen an einer Seite des Kreises einige Personen auf einer Steinbank und halten verschiedene Instrumente in der Hand, ganz rechts steht eine junge Frau mit Dreadlocks an einer großen Trommel. Derjenige, der die größte *berimbau*[1] – eine Art Musikbogen – spielt, beginnt mit einer rhythmischen Melodie, woraufhin auch die anderen Musiker/-innen einsetzen. Vom Rand des Sitzkreises kommen zwei Personen in die Runde und hocken sich vor den drei *berimbau*s auf den Boden. Trotz der Passant/-innen, von denen einige auch stehen bleiben und dem Treiben eine Weile zuschauen, herrscht eine ruhige, konzentrierte Stimmung, und der Vorsänger hebt zur *ladainha*, einer getragenen ›Litanei‹ mit portugiesischem Text, an. Diese geht nach kurzer Zeit über in die *chula*, eine Art Lobpreisung, in die alle im Chor einfallen, indem sie im Echo auf den Vorsänger antworten. Daran schließt sich ein Lied an, bei dem Vorsänger und Chor weiterhin im Wechsel singen. Erst als dieses beginnt, fangen der Mann und die Frau in der Mitte des Kreises an zu spielen. Zunächst ganz langsam neigen sie sich zur Seite und scheinen sich gegenseitig den Vortritt lassen zu wollen. Doch dann rollt sich die Frau geschmeidig über ein Bein ab und scheint zu einem ersten Tritt auszuholen. Ihr Mitspieler weicht aus, indem er sich mit einem niedrigen Radschlag außer Reichweite bringt. Die Musikbegleitung und der Gesang dauern an und scheinen dem Spiel, das mal wie ein Kampf, mal wie ein Tanz wirkt, den Rhythmus vorzugeben. Während sich beide für keine Sekunde aus den Augen lassen, entwickelt sich zwischen den Spieler/-innen eine Art Frage-und-Antwort-Spiel, bei dem sie sich kaum gegenseitig berühren und bei dem sich nicht ohne weiteres erschließt, ob es so etwas wie einen Gewinner oder Verlierer gibt.

---

1 Vgl. Abb. 1 im Anhang.

So oder ähnlich beginnt ein Capoeira-Spiel, das mit dem portugiesischen Wort für ›Kreis‹ als *roda*[2] bezeichnet wird und das auf Außenstehende häufig zunächst rätselhaft oder unverständlich wirkt, wie die im Titel dieses Abschnitts zitierte Aussage von Ariane, einer Capoeira-Spielerin, zeigt. Mal erinnert es an eine Kampfkunst, mal hat es etwas theatrales oder ritualhaftes, mal scheint es ein Spiel oder ein Tanz zu sein, stets begleitet von der gleichförmigen Musik und den Liedern, die das Geschehen in der Mitte kommentieren. Lewis (1992: 1) bezeichnet die Capoeira aus diesem Grund in Anlehnung an Clifford Geertz als ein »blurred genre«; diese Uneindeutigkeit spiegelt sich auch in der verbreiteten Charakterisierung der Capoeira als ›Kampftanz‹ wider. Dabei wird häufig die Stilrichtung Capoeira Regional eher dem kämpferischen Element zugeordnet, wohingegen die Capoeira Angola mehr den tänzerischen und musikalischen Aspekt betone sowie stärker an den ›afrikanischen Wurzeln‹ orientiert sei.

Seit einigen Jahren sind *rodas* wie die hier beschriebene auch in Deutschland nicht mehr nur in großen Städten anzutreffen. Vielmehr erfreut sich die aus Brasilien stammende Capoeira zunehmend auch hierzulande wachsender Beliebtheit, wobei beide Stilrichtungen vertreten sind. In der vorliegenden Arbeit wird es um die Interpretation der Capoeira Angola in einer deutschen Gruppe gehen.

0.2 Thema und Fragestellung

Auch wenn ich in Deutschland schon von Capoeira gehört und eine vage Vorstellung davon bekommen hatte, lernte ich diesen Kampftanz letztlich erst in Brasilien kennen, als ich für ein Jahr in Rio de Janeiro studierte. In dem Haus, in dem ich dort wohnte, trainierte dreimal in der Woche im Erdgeschoss eine Capoeira-Gruppe, deren Musik bis in mein Zimmer zu hören war, der ich aber ansonsten in den ersten Monaten nicht allzu viel Beachtung schenkte. Erst nach einem guten halben Jahr entschied ich mich, auch einmal am Training des *Grupo de Capoeira Angola N'golo* (GCAN) teilzunehmen und blieb dann bis zum Ende meines Studienjahres in Rio dabei. Schon recht bald wurde mein praktisches Interesse an Capoeira ergänzt durch ein wissenschaftliches: Simone Pondé Vassallo, eine meiner Ethnologiedozentinnen an der Universität, forschte schwerpunktmäßig über Capoeira und brachte mich auf die Idee, eine Hausarbeit über Afrikabilder und den Afrikabezug in der Capoeira Angola zu schreiben, wofür ich mit einem Großteil der GCAN-Mitglieder Interviews führte.

Zurück in Deutschland schaute ich mir verschiedene Capoeira-Gruppen an und behielt auch die Idee im Hinterkopf, das Thema noch einmal wissenschaftlich aufzugreifen. Als ich im März 2010 ein Praktikum in Freifurt[3] machte, nahm

[2] Vgl. auch Abb. 2 im Anhang.

[3] Der Name der Stadt wurde anonymisiert, ebenso wie die Namen aller Interviewten.

mich dort eine Freundin mit zum Training ihrer Gruppe, der *Associação de Capoeira Angola Dobrada* (ACAD). Bei keiner anderen Capoeira-Gruppe in Deutschland waren mir der Spielstil, die Lieder und die Musik so vertraut und ähnlich denen des GCAN vorgekommen. So entstand die Idee, mich ausgehend von meinen Erfahrungen in Brasilien in meiner Magisterarbeit mit Capoeira Angola in Deutschland, bzw. konkret mit deren Interpretation in dieser Gruppe, zu beschäftigen.

Meine Ausgangsüberlegungen waren dabei zunächst stark geprägt von den Beobachtungen, die ich bei der Gruppe in Rio de Janeiro gemacht hatte. In den Interviews und im Gruppenalltag war es dort viel um die ›Reinheit‹ der Capoeira Angola gegangen, die darauf zurückgeführt wurde, dass bei dieser Stilrichtung mehr Wert auf die Tradition und Geschichte der afro-brasilianischen Praktik gelegt werde. Auch betont die Capoeira Angola dem GCAN zufolge den ritualhaften Charakter stärker als die Capoeira Regional, in der es mehr um ›Akrobatik‹ und ›Show‹ gehe.

Hatten sich mir bereits in Brasilien eine Reihe von Fragen bezüglich der vermeintlichen ›Reinheit‹ und ›Essenz‹ der Capoeira Angola aufgetan (vgl. dazu auch Vassallo 2006: 74), fragte ich mich zurück in Deutschland, wie hiesige Capoeira-Spieler/-innen diese Prinzipien für sich interpretieren. Dabei entwickelte ich zunächst die Hypothese, dass die Faszination für und das Interesse an Capoeira sich daraus speisen, dass ihre ›Anhänger/-innen‹ darin eine Projektionsfläche für bestimmte Sehnsüchte finden. Als ›exotisch‹ wahrgenommene Sportarten würden demnach hierzulande den Wunsch nach Aspekten wie Körperlichkeit oder ›aufregender Fremdheit‹ erfüllen und Assoziationen wie Naturverbundenheit, tropische Wärme oder Wildheit wecken. In der Folge komme es hier zu einer besonderen Betonung der afrikanischen Wurzeln, die als Kern der afro-brasilianischen Capoeira angesehen werden. Diese These zielte also auf den »Hang der modernen, sich selbstentfremdet empfindenden Gesellschaft zum ›Authentischen‹« (Stagl 2002: 272) ab, den ich bei den Capoeiristas[4] in Deutschland zu finden glaubte.

Zu Beginn bestand somit eines meiner zentralen Interessen darin, solche exotisierenden Tendenzen und Fremdbilder besser zu verstehen sowie die tendenziell traditionalistisch-konservative Grundhaltung einem kritischen Blick zu unterwerfen, die ›Afrika‹ als Hort von Tradition und Ursprünglichkeit imaginiert. Allerdings wurde mir mit der Zeit klarer, dass womöglich gar keine so umstandslose Identifikation mit dem afro-brasilianischen Ursprung der Capoeira stattfindet, sondern dass die Capoeiristas sich vielmehr im Sinne einer *brico-*

4 Capoeira-Spieler/-innen (vgl. dazu auch die Begriffserklärungen in Abschnitt 0.6 und im Glossar).

lage[5] einzelne Elemente davon aneignen und im hiesigen Kontext neu einordnen. Die Faszination der Capoeira-Spieler/-innen darauf zu reduzieren, dass es sich dabei um einfache Projektionen im Sinne eines »false consciousness« (Bruner 1994: 411) handelt, würde somit eine zu enge und pessimistische Sicht auf die vielschichtigen Möglichkeiten kultureller Aneignung implizieren.

Mein zentrales Interesse in dieser Arbeit veränderte sich daher vielmehr hin zu der Frage, wie die ACAD-Mitglieder das komplexe Geflecht aus Tanz, Musik, Bewegungsformen und ›Mythologie‹ für sich nutzbar machen und ›übersetzen‹, was sie daraus ziehen und wie sich die Capoeira bei dieser »Wanderung« (Fichtl 2000) verändert. Dabei leiteten mich Fragen an wie: Was spricht Capoeira in ihren ›Anhänger/-innen‹ an? Wieso wird Capoeira hierzulande ›cool‹ gefunden? Wieso beziehen sich (mehrheitlich weiße) junge Menschen auf eine Praktik, die sie als schwarze Widerstandsbewegung einordnen? Oder, allgemeiner gesprochen: »WARUM machen die das?« (Sieveking 2006: 18). Indem ich mich also mit der Zeit von meiner Ausgangshypothese entfernte, die Angoleiros[6] fänden in der Capoeira eine Projektionsfläche für bestimmte Sehnsüchte, verlagerte sich mein Fokus darauf, wie die ACAD-Mitglieder den Kampftanz für sich interpretieren und welche Aspekte sie dabei als die für sie zentralen beschreiben – und damit hin zu der Frage,

> »*wie* diese komplexen kulturellen Austausch- und Aushandlungsprozesse sich vollziehen und zwar jenseits eines Transfers zwischen Original und Übersetzung sondern im Sinne mehrdimensionaler Transformationen in Zwischenräumen.« (Klein 2009a: 28, Hervorhebung i.O.)

Indem ich mich also in dieser Arbeit an »einer ethnographischen Beschreibung dieser ineinander verflochtenen Erfahrungsrealitäten« (Sieveking 2006: 44) versuche, will ich einen Beitrag leisten zum Verständnis der Veränderungen und Neuinterpretationen, die die Capoeira Angola im Zuge ihrer weltweiten Verbreitung erfährt. Ich beschränke mich hierbei auf die Stilrichtung Capoeira Angola und gehe auf Capoeira Regional nur am Rande und insofern ein, als die Mitglieder der von mir untersuchten Gruppe sich von ihr abgrenzen und darüber ihre eigene Stilrichtung definieren.

---

5 Wörtlich übersetzt: Bastelarbeit, Bastelei. Claude Lévi-Strauss wendete den Begriff bei der Analyse von Mythen in den Amerikas an und bezeichnete damit die scheinbar willkürliche Mischung verschiedener mythologischer Motive. Kapchan und Strong (1999: 240f) führen aus, inwiefern sich das Konzept auch auf andere Bereiche übertragen lässt: »A bricoleur unhinges forms from their rootedness in history and recombines them in novel ways. (…) Expanded, this concept can be applied to many forms of cultural borrowings that tie together various influences to produce a new whole – hip-hop, for example, or techno-rave music.«

6 Capoeira-Angola-Spieler/-innen (vgl. dazu auch die Begriffserklärungen in Abschnitt 0.6 und im Glossar).

0.3 Zentrale Konzepte

Der Titel dieser Arbeit bündelt meine erkenntnisleitenden Fragen und zeigt, unter welchem Blickwinkel ich mich dem Thema genähert habe. Und zwar untersuche ich Capoeira als ein kulturelles Phänomen, das im Lauf seiner Geschichte im *Black Atlantic* unterwegs war und ist – jenem transatlantischen Raum zwischen Afrika, den Amerikas und Europa, der »auf die Sklaventransporte von Afrika in die Amerikas zurückgeht« (Costa 2007: 127). Auch das zu Beginn dieser Einleitung zitierte Capoeira-Lied – »Ich bin nicht von hier, ich bin ein Seefahrer« – soll veranschaulichen, dass die Capoeira sowohl in Deutschland als auch in Brasilien auf einen anderen Ursprungsort zurückgeführt wird. So unsicher und umstritten die ›mythischen‹ afrikanischen Wurzeln der Praktik sind, spielt diese Verbindung dennoch eine wichtige Rolle für viele Capoeiristas und prägt die Geschichte der Capoeira stark (vgl. Kapitel 2). Capoeira als afrobrasilianisches Kulturphänomen mit dem Bild des Seefahrers zu verknüpfen, spielt somit auf deren Entstehung in der Diaspora an und lässt sich mit dem Bild des *Black Atlantic* in Verbindung bringen, wie dies auch Assunção (2005a: 30) tut, wenn er Capoeira als »a 'transcultural, international formation' of the Black Atlantic rather than only African or Brazilian« beschreibt.[7] Entsprechend betont auch Ferreira (2009: 80), dass die Capoeira schon immer durch »Multilokalität« geprägt gewesen sei und fordert angesichts dessen ethnografische Studien, die untersuchen, welche Sinngebungsprozesse die Capoeira in verschiedenen Kontexten erfährt. Eine solche Untersuchung bietet die vorliegende Arbeit, indem sie am Beispiel einer konkreten Capoeira-Angola-Gruppe nachzeichnet, wie deren Mitglieder die Praktik für sich interpretieren.

Das Spannungsfeld zwischen Authentizität und Hybridität habe ich dabei als zentralen theoretischen Fokus gewählt. Ersterer Pol ergibt sich daraus, dass gerade die Vertreter/-innen der Capoeira Angola die besondere Qualität dieser

7 Sérgio Costa (2007: 127) führt diesbezüglich aus, dass die Idee eines »schwarzen Atlantik als einem imaginierten kulturellen Raum, (...) ihren festen Platz in der modernen Historiographie [hat]«. In die kulturwissenschaftliche Debatte wurde der Begriff *Black Atlantic* verstärkt durch Paul Gilroys gleichnamiges Buch (1993) eingeführt. Gilroy versieht die Idee des *Black Atlantic* darin mit einer explizit politischen Konnotation, indem er aufzeigt, wie stark die Geschichte der Sklaverei und des Kolonialismus mit der Moderne und ihren politischen Institutionen verwoben ist. Ohne die Erfahrungen schwarzer Menschen in der Diaspora zu essenzialisieren oder zu homogenisieren, sieht er dabei Costa (2007: 131) zufolge »die Gegenkultur des *Black Atlantic* nicht als bloßes künstlerisches und kulturelles Phänomen (...), sondern als philosophische[n] Diskurs, der die Moderne reinterpretiert und ihre Geschichte aus der Perspektive derer erzählt, die in den nationalen Narrativen mit ihren weißen Helden stets abwesend waren.«

Stilrichtung in ihrer größeren Nähe zur ›traditionellen‹ Capoeira sehen, wohingegen die Capoeira Regional in ihren Augen mehr und mehr zu einer kompetitiven Sportart wird. So beschreibt es die ACAD als ihr Ziel, »die Kunst und die Rituale der Capoeira Angola zu pflegen, zu verbreiten und lebendig zu erhalten, ohne sie zu verformen« (www.capoeira-angola.net). Diese Vorstellung einer ›authentischen‹ Capoeira, die nicht durch Einflüsse asiatischer Kampfsportarten o.ä. ›verformt‹ sei, macht einen wichtigen Teil der ›Identität‹ der Capoeira Angola aus und ist immer wieder Gegenstand von Auseinandersetzungen. Authentizität kann somit in Anlehnung an Bruner (1994: 403) als ein Kampf beschrieben werden, bei dem verschiedene Akteure um die Deutungshoheit konkurrieren.

Die ACAD-Mitglieder betonen dabei einerseits, wie wichtig es sei, Respekt vor der Geschichte und Tradition der Capoeira zu haben; andererseits erkennen sie an, dass die Praktik im Lauf der Jahrzehnte Veränderungen unterlag und weiterhin unterliegt. Diese Bezugnahme kann daher mit Ferreira (2009: 80) als »zeitgenössische Aneignung der Ausschnitte einer mehr oder weniger wahrscheinlichen Vergangenheit« beschrieben werden. Auf welche Ausschnitte dieser Vergangenheit sich die Capoeiristas beziehen und wie sie den Kampftanz vor dem Hintergrund dessen für sich interpretieren, sagt somit mehr über die Capoeira-Spieler/-innen aus als über diese Geschichte, bzw. – um nochmals mit Ferreira (ebd.) zu sprechen – es »sagt uns genauso viel oder mehr darüber wohin die Capoeira geht, als darüber woher sie kommt.« Ausgehend von einem solchen Verständnis von Tradition und Authentizität geht es in der vorliegenden Arbeit darum, wie die Angoleiros diese Aspekte für sich interpretieren. Damit ordnet sich diese Arbeit jenen kulturwissenschaftlichen Ansätzen zu, die Authentizität nicht essenzialistisch im Sinne von Original und Kopie verstehen, sondern vielmehr eine Bewegungspraxis wie Capoeira als »sich ständig im Wandel befindende, lokal differenzierte kulturelle Praxis und kulturelle Technik« interpretieren (Klein 2009a: 24). Entsprechend gilt Authentizität dabei »als eine Inszenierungspraxis, deren Wirksamkeit sich im performativen Akt des Gelingens und Scheiterns zeigt« (ebd.).

Die Analyse der Freifurter Gruppe wird daher zeigen, dass Praxen wie Capoeira notwendig vielgestaltig und komplex sind. Die ACAD-Mitglieder versehen die Capoeira Angola mit sehr vielschichtigen Bedeutungen, die als Versuche verstanden werden können, dieser Komplexität Sinn zu verleihen und ›dem Chaos Herr zu werden‹. Während dabei einerseits immer wieder versucht wird, mittels Entweder-oder-Dichotomien Klarheit zu schaffen, kommt andererseits zum Ausdruck, dass es sich gleichzeitig um ein Sowohl-als-auch handelt: Anstelle von binären Gegenüberstellungen wie Afrika *oder* Europa, Tradition *oder* Moderne, Capoeira Angola *oder* Capoeira Regional etc. könnte eine angemessenere Beschreibung aufzeigen, dass diese Kategorien auf komplexe Weise miteinander verwoben sind. Wie diese Verwobenheit zustande kommt und sich konkret ausgestaltet, will die vorliegende Arbeit nachzeichnen, indem sie deren Entstehung nachgeht und aufzeigt, wie die Akteure versuchen, sie ›in den Griff zu bekommen‹.

Den dabei entstehenden Widersprüchlichkeiten und Komplexitäten nähere ich mich durch das Konzept der Hybridität an. Zum einen kann die Capoeira an sich bereits als ein hybrides Phänomen beschrieben werden. Indem sie Elemente von Tanz, Kampf, Ritual und Sport enthält, entzieht sie sich einer klaren Kategorisierung. Darüber hinaus ist sie durch ihre Entstehung unter afrikanischstämmigen Sklaven in Brasilien geprägt und unterlag im Verlauf ihrer Geschichte durch die Verbreitung in andere gesellschaftliche Schichten inner- und außerhalb Brasiliens vielfältigen Veränderungen. Somit kann die Capoeira mit Klein (ebd.) beschrieben werden als »eine hybride Tanzform, die sich im Spannungsfeld von Lokalisierung, Globalisierung und Re-Nationalisierung entfaltet.«[8] Wie diese ›hybride‹ Geschichte heute verhandelt wird, ist Gegenstand der vorliegenden Arbeit – gerade auch im Zusammenhang damit, wie es gleichzeitig zur Konstruktion einer ›authentischen‹ Capoeira kommen kann.

Zum anderen will ich mit der Beschreibung von Capoeira als einem hybriden Phänomen jedoch darüber hinaus gehen, Hybridität im Sinne einer kulturellen ›Vermischung‹ vormals abgeschlossener, ›reiner‹ Kulturen zu verstehen. Dabei orientiere ich mich an dem Hybriditätskonzept, wie es postkoloniale Theoretiker/-innen geprägt haben. Diese fokussieren auf die Uneindeutigkeit und Widersprüchlichkeit kultureller Prozesse und nutzen das Konzept der Hybridität, um damit jene ›Zwischenräume‹ zu beschreiben, in denen etwas Neues entsteht, das mehr ist als die Summe der beteiligten Kulturen. Es geht ihnen folglich um die Irritationen und Reibungen, die solche Entwicklungen kennzeichnen, sowie um die damit einhergehenden Widersprüche und Paradoxien, die sich als notwendige Folgen eines Übersetzungsprozesses verstehen lassen. Ein solches Verständnis von (Kultur-)Übersetzung lässt die binäre Unterscheidung von Original und Kopie hinter sich und ermöglicht es, ein komplexeres Bild dieser Prozesse zu zeichnen.

---

8 Klein bezieht sich an dieser Stelle auf den Tango, dessen Entwicklung mehrere Parallelen zu derjenigen der Capoeira aufweist: Beides sind aus Lateinamerika stammende Tanzformen, die im Zuge ihrer weltweiten Verbreitung mit vielfältigen Zuschreibungen – Ritual, Selbsterfahrung, Sport, Körperlichkeit, Exotik etc. – versehen und in neue Sinnzusammenhänge übersetzt werden. Aus diesem Grund greife ich in der vorliegenden Arbeit an mehreren Stellen auf Kleins Analyse des Tangos zurück.

Versteht man die Interpretation der Capoeira Angola in einer deutschen Gruppe als einen solchen Übersetzungsprozess, kann dieser mit Klein beschrieben werden als

> »eine Geschichte der Unmöglichkeit sowohl kultureller Grenzziehungen als auch globaler Verschmelzungen. Es ist eine Geschichte der Reibungen, der Verschiebungen, der Vermittlungen, die performativ erfolgen, und deren Gelingen auch immer ein Moment des Scheiterns beigegeben ist, das sich in der Transformation, der Ungewissheit und Ungreifbarkeit des Übersetzungsprozesses zeigt. Scheitern ist demnach nicht als eine Alternative zum Gelingen des Übersetzungsprozesses anzusehen sondern als ein genuiner Bestandteil des Übersetzungsprozesses selbst.« (Klein 2009a: 24)

Damit bietet die vorliegende Arbeit eine solche »Untersuchung der Rezeption von hybriden Kulturformen«, wie sie laut Alfonso de Toro (2002: 36) für ein besseres Verständnis der damit verbundenen Übersetzungsprozesse notwendig ist.

0.4 Ethnologische Erforschung des ›Eigenen‹

Ich habe mich bei dieser Arbeit bewusst entschieden, meinen Schwerpunkt auf die Capoeira-Gruppe in Freifurt zu legen und somit auf den Teil meines Feldes, der mir kulturell und sozial näher ist als die Gruppe in Rio de Janeiro. Diese Entscheidung gründet auf einigen kritischen Überlegungen bezüglich der ›klassischen‹ Ethnologie, die ich im Folgenden kurz darstellen will.

Die Ethnologie gilt allgemein als die ›Wissenschaft vom Fremden‹. Als akademische Disziplin ist sie ein Kind des Kolonialismus: Neben der exotisierenden Neugier gegenüber den fremden Gesellschaften bestand ein konkreter Bedarf an Wissen über die Eroberten zum Zweck der effizienteren Verwaltung, welches sich die Kolonialbehörden von den Ethnolog(inn)en erhofften (vgl. Herrberg/Willand 2001: 28f). Darüber hinaus trug die Ethnologie durch die Erforschung der vermeintlichen ›Wilden‹ zur Konstruktion jenes ›Anderen‹ bei, durch das sich das europäisch-westliche Selbst als zivilisiert imaginieren und überhaupt erst in der uns heute geläufigen Form konstituieren konnte. Dieses koloniale Setting bestimmt das Fach bis heute, so Brückmann (2007): »Zumeist forscht ein weißer Forscher über nicht weiße Menschen ehemaliger Kolonien.«

Dies führte in den vergangenen Jahrzehnten zu heftiger Kritik an der Ethnologie sowohl innerhalb des Fachs selbst, als auch von Verteter/-innen der Postcolonial Studies. Die nach dem 1986 veröffentlichten Sammelband von James Clifford und George E. Marcus benannte ›Writing-Culture‹-Debatte leistete dazu einen wichtigen Beitrag, indem sie aufzeigte, wie in der Ethnologie durch ›othering‹ jenes ›Andere‹ überhaupt erst konstruiert wird.

Eine zentrale Erkenntnis der Debatte bestand darin, dass in ethnologischen Arbeiten der Frage »Who speaks? For what and to whom?« (Said 1989: 212) verstärkt Rechnung getragen werden muss. Dies kann die jeweilige spezifische Verortung des Verfassers oder der Verfasserin deutlich machen, anstatt die (häufig) weiße, männliche, westliche Position, aus der heraus eine Arbeit verfasst wird, als universell zu präsentieren.

Kritik grundsätzlicherer Art stellte die Disziplin als ganze in Frage.[9] Eine Folge dessen war die in den letzten Jahrzehnten vor allem in den USA erfolgte Annäherung zwischen Ethnologie, Soziologie und Cultural Studies (vgl. Veer 1997: 93). Dies kommt u.a. darin zum Ausdruck, dass die Ethnologie sich allmählich auch Forschungsfeldern in der eigenen Gesellschaft zuwendet. Damit verabschiedet sie sich jedoch keineswegs von ihrer primären Aufgabe, dem »Vertrautmachen des Fremden« (Hirschauer/Amann 1997: 11). Vielmehr multiplizieren sich dadurch »die Möglichkeiten von Fremdheitserfahrungen in der eigenen Gesellschaft und es wird erkenntnispraktisch notwendig und gewinnbringend, (…) Subkulturen methodisch als fremde Kulturen zu behandeln« (ebd.: 11f).

In diesem Kontext verortet sich auch die vorliegende Arbeit. Angesichts der »kolonialistische[n] Erbschuld« (Stagl 2002: 278) einer Ethnologie, auf die lange Zeit der von Streck (1997: 204) zitierte Vorwurf eines Erforschten zutraf, dass »[a]nthropology is the study of anybody shorter and darker than you«, erscheint es mir angebracht, eine westliche – wenngleich ›hybride‹ – Subkultur mit ethnologischen Methoden zu untersuchen und dadurch einen Beitrag zu einer solchen Ethnologie zu leisten, wie sie Appadurai fordert:

> »Die Anthropologie kann mit ihrer Analyse der gelebten Erfahrungen sicher zu einer breit angelegten und transdisziplinären Erforschung globaler kultureller Prozesse beitragen. Aber dazu muß sie sich aus ihrer Erstarrung lösen und sich als Bestandteil der Kulturwissenschaft begreifen, ohne auf die hauptsächliche Quelle ihres Machtanspruchs zurückgreifen zu können – die Perspektive von Wilden.« (Appadurai 1998: 38)

Auf die Anmaßung einer solchen Perspektive wird hier selbstverständlich verzichtet. Es sei allerdings darauf verwiesen, dass auch das andere Extrem – die Erforschung des reinen ›Eigenen‹ – eine Illusion wäre. Einerseits handelt es sich bei der Capoeira im deutschsprachigen Raum – verglichen mit beispielsweise dem Schützenverein – tatsächlich um eine in jüngerer Zeit zugewanderte Tradition. Der hybride Charakter, der sich bei ihr deswegen leichter nachvollziehen

9 Vgl. für eine kurze Zusammenfassung der Diskussionen um das »Ende der Ethnologie« John Comaroff (2010: 525).

lässt, kann andererseits bei genauerer Betrachtung als grundlegendes Merkmal von Kulturentwicklung überhaupt angesehen werden. Die Rede vom Fremden und Eigenen – wie die von Original und Kopie – behält somit höchstens noch als analytische Vereinfachung Geltung. (Vgl. Kapitel 6.)

0.5 Aufbau der Arbeit

In der **Einleitung** habe ich das Thema der Arbeit eingeführt und die Fragestellung erläutert. Diese besteht darin nachzuvollziehen, wie die Mitglieder der untersuchten Capoeira-Angola-Gruppe die Praktik für sich interpretieren und diesen Übersetzungsprozess theoretisch zu analysieren. Die dabei zentralen Konzepte Authentizität und Hybridität habe ich hier bereits knapp skizziert. In einem kurzen Abschnitt habe ich außerdem das Selbstverständnis dieser Arbeit umrissen, indem ich begründete, weshalb ich mich darin bewusst mit Capoeira Angola in Deutschland beschäftige.

Das **erste Kapitel** hat die Funktion, einen Überblick über die ethnologische Literatur zu Capoeira zu geben und die vorliegende Arbeit innerhalb dieses Forschungsfeldes einzuordnen. Während in Brasilien Capoeira schon seit Anfang des 20. Jahrhunderts und verstärkt ab den 1980er Jahren Gegenstand der ethnologischen Forschung ist, ist das Thema in der deutschsprachigen Ethnologie noch relativ neu. Insofern kann ich in diesem Abschnitt zeigen, welchen spezifischen Beitrag meine Untersuchung hier leistet.

Im **zweiten Kapitel** geht es um die Geschichte der Capoeira, da diese eine wichtige Rolle für die Debatten um Authentizität und Tradition und damit für die Identität des Kampftanzes spielt. Dazu werden zunächst einige wichtige Ursprungsmythen dargestellt. Anschließend schildere ich die Entwicklung vom 19. bis ins 21. Jahrhundert und zeichne nach, wie sich die Capoeira von einer kriminalisierten Aktivität hin zum immateriellen nationalen Kulturerbe Brasiliens veränderte. Seit den 1980er Jahren hat die Praktik dabei zunehmend auch außerhalb Brasiliens an Bekanntheit gewonnen.

Das **dritte Kapitel** dient der Darstellung des konkreten Forschungsfeldes, das in der Folge dieser weltweiten Verbreitung entstanden ist. An einen Überblick über die Capoeira Angola in Deutschland – wo diese trotz wachsender Popularität weiterhin eine ›alternative Subkultur‹ ist – schließt sich die Beschreibung der von mir untersuchten *Associação de Capoeira Angola Dobrada* (ACAD) an.

Im **vierten Kapitel** schildere ich mein methodisches Vorgehen, das mit teilnehmender Beobachtung und leitfadengestützten Interviews auf den klassischen ethnologischen Forschungsinstrumenten basierte. Angesichts der im Rahmen der Writing-Culture-Debatte gewonnenen Erkenntnis, dass dabei der Forscherin eine zentrale Rolle zukommt, geht es in diesem Kapitel auch um die Reflexion meiner Position im Feld.

Das **fünfte Kapitel** ist der Darstellung und Interpretation meines empirischen Materials gewidmet und gibt verschiedene Antworten auf die Frage »Warum machen die das?«. Die von vielen Capoeiristas geteilte Auffassung, dass es sich bei der *roda* um ein Ritual handelt, dient dabei als Ausgangspunkt und roter Faden, der die Analyse anleitet. Anhand der vielschichtigen und teilweise widersprüchlichen Schilderungen der ACAD-Mitglieder wird versucht, das komplexe Geflecht nachzuzeichnen, das die Capoeira Angola ausmacht und das zu erfassen Bettina[10] als »ein Projekt von Jahrzehnten« beschreibt.

Ziel des **sechsten Kapitels** ist es, ausgehend von den gewonnenen Erkenntnissen allgemeiner zu diskutieren, welche Veränderungen die Capoeira Angola im Zuge ihrer Neuinterpretation hierzulande erfährt und inwiefern sie sich dabei im Spannungsfeld zwischen Authentizität und Hybridität bewegt. Nach einer Einführung in die beiden Konzepte werden diese auf den Gegenstand der Arbeit angewendet. Dabei zeige ich, dass Authentizität zwar eine wichtige Ressource bei der internationalen Verbreitung und Popularisierung der Capoeira darstellt, die Bezugnahme auf die Tradition in der untersuchten Gruppe aber weitaus kritischer und differenzierter erfolgt. Mit Hybridität, Übersetzung und Überdetermination werden sodann Wege der theoretischen Bewältigung dieser neuen Komplexität aufgezeigt.

Im **siebten Kapitel** führe ich in Form einer Schlussbetrachtung die herausgearbeiteten Aspekte zusammen und gebe einen Ausblick, welche Forschungsfragen sich angesichts der zunehmenden Popularisierung und kulturpolitischen Institutionalisierung von Capoeira im Anschluss an meine mikroperspektivische Analyse in Zukunft ergeben könnten.

0.6 Begrifflichkeiten

Zum Abschluss dieser Einleitung seien kurz einige zentrale Begriffe sowie der Umgang mit portugiesischen Zitaten und den Interviewtranskripten erläutert, um den Leser/-innen deren Verständnis zu erleichtern.

Die in dieser Arbeit verwendeten Capoeira-spezifischen und portugiesischen Bezeichnungen sind im Glossar erläutert. Die entsprechenden Begriffe sind bei ihrer ersten Verwendung in einer Fußnote erklärt und im Folgenden mit einem Stern (*) markiert. Die Begriffe ›Mestre‹[11] (nach gängiger Praxis bisweilen abgekürzt als ›M.‹), ›Roda‹, ›Capoeiristas‹ und ›Angoleiros‹ werden aufgrund

10 Für Informationen zu den interviewten Personen vgl. die Liste im Anhang.

11 Capoeira-Meister.

ihrer häufigen Verwendung nicht jedes Mal gekennzeichnet. Weniger zentrale, einmalig gebrauchte Bezeichnungen werden an der jeweiligen Textstelle erklärt.

Ich verwende in dieser Arbeit bisweilen den Begriff ›Capoeira-Welt‹. Ich bin mir bewusst, dass ich damit eine emische Kategorie übernehme, die nahe legt, dass es sich bei der Capoeira um eine ganz eigene Realität handle, die nach eigenen Regeln funktioniere. Aus Gründen der besseren Lesbarkeit habe ich den Begriff dennoch nicht jedes Mal in Anführungszeichen gesetzt.

Die Capoeira-Instrumente sowie einige grundlegende Capoeira-Figuren sind im Anhang abgebildet. Dort findet sich außerdem eine Liste aller geführten Interviews mit einigen wenigen Informationen zu den interviewten Personen. Ich habe meinen Gesprächspartner/-innen Anonymität zugesichert, weshalb sowohl der Name der Stadt als auch die Namen der interviewten Personen geändert wurden; lediglich bezüglich Rogerio, dem Mestre der ACAD, ließ sich dies nicht realisieren.

Portugiesische Zitate – sowohl aus dem Interview mit Mestre Rogerio als auch aus der portugiesischsprachigen Literatur – habe ich ins Deutsche übersetzt, ebenso die Zitate aus französischsprachiger Literatur. Bei Interviewzitaten, die eine Länge von sieben Zeilen nicht überschreiten, gebe ich das portugiesische Original in einer Fußnote wieder.

Für Substantive aus dem Portugiesischen orientiere ich mich im Deutschen am portugiesischen Artikel. So ist z.B. ›Capoeira‹ im Portugiesischen feminin, daher bezeichne ich die Praktik auch im Deutschen mit dem weiblichen Artikel. Meine deutschen Gesprächspartner/-innen haben dies zum Großteil auch so gemacht, vereinzelt findet sich jedoch auch die Bezeichnung ›das Capoeira‹.

Bei meinem Interviewmaterial ging es mir nicht um eine detaillierte Konversationsanalyse oder eine exakte Analyse der Kommunikationssituation, in der alle Äußerungen (abgebrochene Sätze, genaue Pausenlänge etc.) relevant sind, sondern primär um die inhaltlichen Aussagen der Interviewten. Daher habe ich aus Gründen der Lesbarkeit und Verständlichkeit die Transkripte – wo nötig – orthographisch und grammatikalisch leicht korrigiert. Betont gesprochene Worte sind *kursiv* gedruckt. Längere Redepausen sind mit zwei Punkten (..) gekennzeichnet.

1 Ethnologischer Forschungsstand

Bevor ich ausführlich auf die Geschichte der Capoeira in Brasilien und Deutschland eingehe, soll zunächst ein Überblick über die ethnologische Beschäftigung mit dem Kampftanz gegeben werden. Damit hat der folgende Abschnitt das Ziel, meine Arbeit in die ethnologisch-sozialwissenschaftliche Forschungslandschaft über Capoeira einzuordnen, um davon ausgehend »Fragestellung und Erkenntnisse [meiner] Forschung zu bestehendem Wissen ins Verhältnis« zu setzen, wie dies Wohlrab-Sahr und Przyborski (2008: 358) fordern.

1.1 Frühe Arbeiten

Nachdem Capoeira bis Ende des 19. Jahrhunderts hauptsächlich als kriminelle Aktivität angesehen und polizeilich verfolgt worden war, änderte sich dies Anfang des 20. Jahrhunderts allmählich: Mit den ab den 1930er Jahren einsetzenden Entwicklungen – Entstehung der Capoeira Regional, Ende der Kriminalisierung, Tendenz zur Versportung und Institutionalisierung (vgl. 2.3) – kam es zu einer ausführlicheren Dokumentation und Erforschung der Capoeira. Diese frühen Arbeiten – zu nennen sind hier die Werke von Autoren wie Renato Almeida (1942), Artur Ramos (1946), Luís da Câmara Cascudo (1954) und Édison Carneiro (1975) – interessierten sich für Capoeira als Teil der *cultura popular*. Darin meinten diese Autoren die »authentischsten kulturellen Ausdrucksformen« zu erkennen, in denen sich »die Einzigartigkeit der brasilianischen Identität« am besten zeige (Vassallo 2006: 71).

Im Jahr 1968 verfasste der Ethnologe und Historiker Waldeloir Rego sein Werk »Capoeira angola: Ensaio sócio-etnográfico«, das heute als eines der Standardwerke über Capoeira gilt (vgl. Vassallo 2005: 32). Rego behandelt darin ausführlich die Herkunft des Begriffs ›Capoeira‹, erklärt das Spiel an sich sowie einzelne Figuren und legt einen besonderen Schwerpunkt auf die musikalischen Aspekte der Capoeira Angola. Neben einer Beschreibung der verschiedenen Instrumente widmet er den größten Teil des Buches der detaillierten Analyse von Liedtexten aus linguistischer und folkloristischer Perspektive. Das Buch enthält außerdem biographische Skizzen einiger wichtiger Capoeiristas und behandelt die Thematisierung von Capoeira in Film, Kunst, Literatur und Musik. (Vgl. Rego 1968.)

1.2 Ab 1980

Ab den 1980er Jahren nahm die gezielt akademische Beschäftigung mit Capoeira in Brasilien deutlich zu. Fichtl (2000: 21) zufolge lässt sich dies mit der »zunehmenden internationalen Verbreitung und einer dadurch vielleicht größeren Anerkennung im eigenen Land« erklären; ein weiterer Grund ist jedoch auch das Erstarken der Schwarzenbewegung in Brasilien (vgl. 2.3.3), die Capoeira – vor allem Capoeira Angola – »zum Ausdruck von Négritude par excellence« erklärte (Assunção 1999: 6).[12] Laut Assunção (ebd.: 7) ist die Masterarbeit von Júlio César de Souza Tavares (1984) die erste ihrer Art zu dem Thema; seither entstanden jedoch »Dutzende von Dissertationen über Capoeira in Brasilien, den USA und Westeuropa«, die längst nicht mehr nur aus den Disziplinen Ethnologie und Geschichte stammen, sondern zunehmend auch aus anderen Feldern wie Pädagogik und Psychologie.[13]

Mit der weltweiten Verbreitung der Capoeira (vgl. 2.3.3) wurde der Kampftanz zunehmend auch außerhalb Brasiliens als Forschungsfeld entdeckt. Zu den europäischen Arbeiten über Capoeira in Brasilien gehört die Studie des Musikethnologen Tiago de Oliveira Pinto (1991, vgl. auch Pinto 1986), die sich mit afrobrasilianischer Musik im Umland von Salvador de Bahia beschäftigt, sowie diejenige von Gerhard Kubik (1979) über afrikanische Einflüsse auf brasilianische Tänze und Musik. Nicht musikethnologisch, jedoch ebenfalls mit einem besonderen Schwerpunkt auf die Musik in der Capoeira, untersucht Greg Downey in seinen Arbeiten den Lernprozess, durch den sich Schüler/-innen die zunächst so fremden Bewegungen und Klänge der Capoeira aneignen. Dabei interpretiert er Imitation als zentrales Element von Kultur (vgl. Downey 2008: 205) und stellt fest: »A capoeirista's sense of hearing is a cultural accomplishment. (…) The sensing body itself is a social product.« (Downey 2002: 504)

Eine besonders prominente ethnographische Studie über Capoeira in Brasilien – mit Fokus auf Capoeira in der Stadt Salvador de Bahia – hat der US-amerikanische Anthropologe John Lowell Lewis (1992) vorgelegt. Er interpretiert darin die *roda* als »ring of liberation« und stellt damit das Motiv der Freiheit bzw. Befreiung von verschiedenen Zwängen als zentrales Thema der Capoeira dar – »liberation from slavery, from class domination, from the poverty of ordinary life, and ultimately even from the constraints of the human body« (ebd.: 2). Eine zentrale Möglichkeit diese Freiheit zu erlangen, besteht für ihn in der Anwen-

12 Beispiele für ›afro-zentrische‹ Arbeiten über Capoeira, die diesem Diskurs nahe stehen, sind diejenigen von Alejandro Frigerio (1989), Kenneth Dossar (1994) und Thomas J. Desch-Obi (2008).

13 Vgl. z.B. die Arbeiten von Araújo (2004), die sich mit Capoeira Angola als Bildungspraxis beschäftigt, und Alvarez (2007), der den Lernprozess in der Capoeira aus psychologischer Perspektive untersucht.

dung von *malícia*[14] (vgl. 5.4) und Täuschung – daher Lewis' Fokus auf den »deceptive discourse« in der Capoeira. Der Autor sieht hierbei einen engen Zusammenhang zwischen der ›Innenwelt‹ der Capoeira und der Außenwelt, da ihm zufolge der täuschende Diskurs in der Capoeira

> »has the effect of a social critique, implicitly revealing that what seems overt in society is really a sham, and what underlies is the true reality. Therefore the worlds are both 'deceptive': the outside world attempts to cover its ugly face; the capoeira world uses trickery to reveal that face.« (ebd.: 194)

Insgesamt verfolgt Lewis in dem Buch das Ziel einer »in-depth analysis of all three major communicative channels in capoeira expression: movement, music and text« (ebd.: xxvii) sowie auf theoretischer Ebene »to contribute to the semiotic project, a general understanding of signs in culture« (ebd.: 9). Dazu analysiert er sehr detailliert die Bewegungen im Capoeira-Spiel und diskutiert deren soziale und kulturelle Bedeutung, indem er vor allem auf die semiotischen Ansätze von C.S. Peirce zurückgreift. So gelingt es ihm, »to illuminate capoeira as a kind of discourse, a ›physical dialogue‹ or ›conversation‹ between two partners, a conversation that takes place through action, not talk« (Reed 1998: 425). Aus diesem Grund sieht Reed Lewis' zentralen Beitrag zur Tanzforschung in der Betonung von

> »the polysemy of sign systems, the multiplicity of interpretations, and the negotiated and unstable nature of cultural production. While language has long been the privileged site of analysis in semiotic approaches influenced by Saussure, Lewis shows how Peirce's attention to the iconic and indexical features of signs may prove more illuminating for analyses of extralinguistic sign systems such as dance and music« (ebd.).

1.3 Capoeira außerhalb Brasiliens

Seit einigen Jahren beschäftigt die Forschung sich nun auch verstärkt mit der Frage, wie Capoeira-Spieler/-innen außerhalb Brasiliens die Praktik für sich interpretieren. Dabei gehören Simone Pondé Vassallo und Monica Aceti zu den Autor/-innen, die aus ethnologischer Perspektive über Capoeira in Europa forschen. So untersucht Vassallo in ihrer Studie über Capoeira in Paris und Rio de Janeiro (2001), wie es in Frankreich zu »rélectures françaises d'une activité brasilienne« (ebd.: 298) kommt. Sie lehnt es dabei explizit ab, davon zu sprechen, dass es im Zuge dessen zu einem Verlust von ›Authentizität‹ oder ›Reinheit‹ komme, sondern vertritt im Gegenteil die These,

[14] List, Schläue.

> »dass die französischen Arten [Capoeira] zu spielen, genauso legitim sind wie diejenigen, die in Brasilien üblich sind. (…) Es muss daher darum gehen die Werte zu verstehen, die durch die jeweiligen Akteure übermittelt werden, und was diese uns über die zeitgenössische französische Gesellschaft sagen, anstatt zu versuchen, das authentische vom unauthentischen zu unterscheiden, das wahre vom falschen.« (ebd.: 38)

Vassallos Beschreibungen dessen, wie die französischen Capoeiristas den Kampftanz für sich interpretieren – z.B., dass diese durch die Capoeira »ihre Unzufriedenheit mit der neoliberalen, modernen, technokratischen und herrschenden Gesellschaft zum Ausdruck bringen, indem sie Werte bejahen, die als popular, primitiv, traditionell und egalitär gelten« (ebd.: 39) – ähneln in vielem den Betrachtungsweisen, die die Mitglieder der Freifurter Capoeira-Gruppe in den Interviews äußerten. Aus diesem Grund bezieht sich diese Arbeit an verschiedenen Punkten auf Vassallos Texte.

Auch Aceti, die in verschiedenen Ländern Europas über Capoeira forscht, stößt dabei auf das Thema Authentizität. Wie Vassallo sieht Aceti ebenfalls keinen Anlass, angesichts der Globalisierung der Capoeira von einem »bedauernswerten Prozess der Verformung« (Lacé 1999: 86f, zitiert in Aceti 2010: 121) zu sprechen, sondern erklärt:

> »Ganz im Gegenteil zeugt die Vorstellungswelt, die um diese Ikone der Befreiung des Unterdrückten vom Unterdrücker herum erblüht, von der ›Authentizität‹ des Capoeira-Spiels in Europa, dessen Übertragungsprozess ›per Definition eine Entwicklung‹ darstellt und ›die Anpassungsfähigkeit dieses immateriellen Kulturerbes an andere Kontexte voraussetzt‹ (Hottin, 2007, 16).« (ebd.)

Sie ist damit eine der Autor/-innen, die die Entwicklungen der Capoeira vor dem Hintergrund dessen beleuchtet, dass diese im Jahr 2008 zum immateriellen nationalen Kulturerbe Brasiliens erklärt wurde – ein Prozess, der in vielerlei Hinsicht spannende Implikationen hat, auf die ich jedoch in dieser Arbeit leider nur am Rand eingehen kann (vgl. 2.4).

In der deutschsprachigen Ethnologie ist das Thema Capoeira bisher noch sehr wenig behandelt worden. Ganz grundsätzlich stellt Hauschild diesbezüglich fest:

> »The absence of in-depth studies of non-Western movements is striking, especially with regard to the bodily exercise and the symbolism that always play a central part in them. (…) This leads to the paradox that Western anthropologists often overlook the physical details of neo-shamanism, the corporeal motifs in the Western appropriation of the Chinese martial arts, the lived and practiced spiritism and other ›peripheral‹ techniques of trance

> and dances like flamenco, the hula, the capoeira, and the tarantella – all very widespread in these same anthropologists' ›own‹ local milieus and sometimes innocently practiced by them.« (Hauschild 2007: 463)

Damit stellen die wenigen deutschen Magisterarbeiten über Capoeira beinahe ›Pionierarbeiten‹ auf diesem Gebiet dar. Zu ihnen zählt die Arbeit von Barbara Fichtl aus dem Jahr 2000, in der sie feststellt, dass trotz der »weltweiten Ausbreitung von Bewegungsformen wie Capoeira, Yoga, Tai Chi oder karibischen Tänzen (…) bisher nur wenige ethnologische oder kulturwissenschaftliche Untersuchungen« darüber existieren (Fichtl 2000: 5). Auch über zehn Jahre später hat sich an diesem Zustand nicht allzu viel geändert. Aus dem deutschsprachigen Raum sind mir nur zwei weitere ethnologische Abschlussarbeiten über Capoeira bekannt: zum einen die Magisterarbeit von Anna K. Aichroth (2009), die sich auf Beobachtungen bei einer Capoeira-Gruppe in Spanien stützt, zum anderen die Diplomarbeit von Mu-Yuen Wang (2010) über Frauen in der Capoeira anhand ausgewählter Fallbeispiele aus Brasilien.[15]

Barbara Fichtl wiederum untersucht in ihrer Magisterarbeit den Prozess der »Wanderung einer kulturellen Praktik« am Beispiel von Capoeira in Deutschland und interessiert sich dabei für die »Bedeutungen (…), welche deutsche und in Deutschland lebende brasilianische Praktizierende der Capoeira zuschreiben« (Fichtl 2000: 5). Ihr zentraler theoretischer Fokus liegt auf der Interpretation von Capoeira als »Zeichensystem in Bewegung« (ebd.: 43), indem sie die linguistischen Konzepte des *speech act* bzw. *signifying act* auf Capoeira als nichtsprachliches Zeichensystem überträgt (vgl. ebd.: 44ff). In einem gesonderten Kapitel widmet sich Fichtl der ›revitalisierten‹ Capoeira Angola in Brasilien und Deutschland. Dabei stellt sie fest, dass sich in den von ihr geführten Interviews mit deutschen Capoeira-Spieler/-innen »kaum exotistische Idealisierungen des Fremden« zeigten, vielmehr habe darin »der interkulturelle Kontakt (…) meist im Vordergrund« gestanden (ebd.: 120) – eine Erfahrung, die auch ich teilweise gemacht habe und auf die ich weiter unten eingehen werde (vgl. 6.2.2).

Ähnlich wie in Fichtls Magisterarbeit geht es auch in der vorliegenden Arbeit darum, wie sich die Capoeira im Zuge ihrer Wanderung und Globalisierung ver-

---

15 Mitte 2012 waren jedoch noch zwei weitere Magisterarbeiten über Capoeira im Entstehen: zum einen von Andrej Schreyer am Leipziger Institut für Ethnologie, zum anderen von Christian Köhler am Institut für Ethnologie in Halle. Zu den nicht-ethnologischen Abschlussarbeiten über Capoeira in Deutschland gehören diejenige von Stella Böthin (2005), die untersucht, welchen Einfluss die psychosozialen Erfahrungen von Capoeira-Schüler/-innen auf deren individuelle Lebensbewältigung haben, eine literaturwissenschaftliche Betrachtung der einleitenden *ladainha**-Gesänge von Anna Kehren (2004), sowie eine sozialwissenschaftliche Untersuchung von Paul Jandt (2011) darüber, wie sich deutsche Capoeira-Spieler/-innen mit dieser für sie ›fremden‹ Kultur auseinandersetzen.

ändert und wie Capoeiristas hierzulande die Praktik für sich interpretieren. Diese Entwicklung analysiere ich als einen notwendig widersprüchlichen und ambivalenten – daher ›hybriden‹ – Übersetzungsprozess, in dessen Zuge Authentizität eine wichtige Ressource darstellt, die die Angoleiros vor ihrem hiesigen lebensweltlichen und politischen Hintergrund neu interpretieren. In Anlehnung an ein postkoloniales Verständnis von kultureller Übersetzung, das binäre Oppositionen hinter sich lassen will und vielmehr auf die Komplexität und Vielschichtigkeit von ›Zwischenräumen‹ fokussiert, möchte ich einen Beitrag leisten zum Verständnis solcher ›transkultureller‹ Übertragungen, und zwar jenseits einer Vorstellung von ›Kulturen‹ als vormals homogenen Einheiten (vgl. Hall 2002: 226).

Allgemein fällt auf, dass wissenschaftliche Arbeiten über Capoeira Angola sehr viel häufiger sind als solche über Capoeira Regional. Damit stehen sie in der Tradition der Forschungen über die *cultura popular*, die ihren Fokus auf Capoeira Angola damit begründeten, dass diese die »reinste Form von Capoeira« sei (Carneiro 1937: 149, zitiert in Vassallo 2003: 110). Auch wenn heutige Arbeiten in aller Regel z.B. die Kategorisierung der Capoeira Regional als ›synkretistisch‹ und ›verformt‹ nicht einfach von den Angoleiros übernehmen, ist der Fokus auf Capoeira Angola möglicherweise Ausdruck einer folkloristisch-exotistischen Suche nach ›Authentizität‹ unter den jeweiligen Wissenschaftler/-innen selbst. Darauf weist auch Handler hin, wenn er Authentizität als »a cultural construct of the modern Western world« bezeichnet und ausführt:

> »That it has been a central, though implicit, idea in much anthropological enquiry is a function of a Western ontology rather than of anything in the non-Western cultures we study. Our search for authentic cultural experience – for the unspoiled, pristine, genuine, untouched and traditional – says more about us than about others.« (Handler 1986: 2)

Auch Reed (1998: 507) macht darauf aufmerksam, dass »scholars who establish ›normative expectations‹ for ›traditional‹ performances perpetuate colonial thinking by valorizing one version of performance as ›true‹ while dismissing others as corrupted.« Deshalb ist Vassallo zuzustimmen, wenn sie schreibt:

> »Diese Narrative [von Tradition, Reinheit, Widerstand etc., SL] sind Methoden, ein positives Bild der Capoeira [Angola] und der Capoeiristas zu zeichnen. (…) So konstruieren die Capoeiristas eine positive Identität, die sowohl individuell als auch kollektiv trägt, die jedoch von heutigen Forschern mit extremer Vorsicht gehandhabt werden sollte, damit die emischen Kategorien als Gegenstände der Reflexion gesehen werden und nicht als unbestreitbare Wahrheiten, die von den Forschern direkt übernommen werden können.« (Vassallo 2006: 79)

In dieser Arbeit versuche ich genau dies umzusetzen, indem ich mir die Idee einer größeren Authentizität der Capoeira Angola nicht aneigne, sondern analysiere, wie sich ihre ›Anhänger/-innen‹ darauf beziehen. Ausgehend von dieser Prämisse will ich mich nun der Geschichte der Capoeira zuwenden, die für das Verständnis der Vorstellungen von Authentizität fundamental ist.

2 Geschichte der Capoeira

Im Folgenden will ich einen Überblick über die Geschichte der Capoeira geben. Dies dient zum einen der Einordnung des Phänomens in den historischen Kontext. Zum anderen ist es aber auch für die Fragestellung dieser Arbeit von Bedeutung, weil die Geschichte der Capoeira einen wichtigen Teil der Identität des Kampftanzes ausmacht und daher immer wieder Gegenstand von Debatten um dessen Authentizität und Ursprung ist.

2.1 Verschiedene Ursprungsmythen

Bevor es um die konkreten Entstehungsbedingungen der Capoeira in Brasilien geht, sollen zunächst verschiedene ›Ursprungsmythen‹ der Capoeira und ihr jeweiliger Kontext skizziert werden. Dies geschieht in Anlehnung an den Historiker Matthias Röhrig Assunção[16], demzufolge diese Mythen nicht nur den Ursprung der Capoeira in zeitlich und/oder räumlich weit entfernte Gegenden verlagern, sondern dies mit der Überzeugung verknüpfen, »that an unaltered ‘essence’ of capoeira has been transmitted from that foundational moment down to the present« (Assunção 2005a: 5). Dieser Glaube, so Assunção (ebd.), »confers greater authority to contemporary practice, and is therefore shared by many practitioners.«

Der erste dieser Ursprungsmythen besagt, dass die Capoeira gänzlich in Brasilien entstanden sei, und zwar unter den Tupí-Guaraní-Indianer/-innen. Diese Version der Geschichte war vor allem nach der Unabhängigkeit Brasiliens populär und dementsprechend stark von nationalistischer Ideologie beeinflusst. Diese, »keen to distance itself not only from the former colonizer, the Portuguese, but also from the enslaved Africans considered inferior, concentrated therefore on [Brazil’s] original inhabitants« (ebd.: 11). Assunção zufolge fehlt für

---

[16] Ich stütze mich bei der Darstellung der Geschichte in erster Linie auf diesen Autor, da er ein sehr ausgewogenes Bild der komplexen Prozesse zeichnet, die die Aushandlungen der Geschichte der Capoeira kennzeichnen. So ist sich Assunção (2005a: 9) einerseits bewusst, dass »the ‘order of discourse’ tends to eradicate subaltern viewpoints«, weshalb »any attempt to reconstruct the formation of capoeira narratives risks to overestimate the impact of middle-class intellectuals.« Andererseits vermeidet er aber auch simplifizierende Romantisierungen (z.B. bezüglich der Interpretation von Capoeira als Widerstandsinstrument der Sklaven), wie dies in Capoeira-Angola-Kreisen recht verbreitet ist und zum Teil auch in wissenschaftlichen Arbeiten zu finden ist (vgl. z.B. Desch-Obi 1992). Assunção (1999: 1) hingegen zweifelt zwar »die Gleichsetzung von Capoeira und Widerstand nicht grundsätzlich [an]«, aber hinterfragt dennoch die »Absolutierung des Begriffs Widerstand und seine Reduktion auf bestimmte Formen« (vgl. dazu auch 5.5).

die Entstehung von Capoeira unter brasilianischen Indigenen allerdings jeglicher historische Nachweis (vgl. ebd.: 6).

Deutlich mehr Anhänger/-innen hat der Mythos, demzufolge entflohene Sklav/-innen in den *Quilombos*[17] die Capoeira erfunden hätten.[18] Dieses »romanticized image of maroons practising capoeira has dominated historical accounts of the art for the last half century« (ebd.: 6). Zwar ist es durchaus vorstellbar, dass »[s]ome kind of African inspired martial games (...) existed among greater maroon settlements«, jedoch leidet auch diese Version der Geschichte unter der Tatsache, dass »[n]ot one single contemporary source (...) has been found to confirm this hypothesis« (ebd.: 7). Wer die *Quilombos* »zum Symbol des Sklavenwiderstandes schlechthin hochstilisiert«, lässt außerdem außer Acht, dass »die realhistorischen Quilombos oft komplizierte und ambivalente Verbindungen mit Teilen der Plantagengesellschaft eingingen« (Assunção 1999: 2).

Ein dritter Mythos schließlich verortet den Ursprung der Capoeira vollständig in Afrika. In seiner Extremform besagt er »rather bluntly that capoeira as such was practised in Angola« (Assunção 2005a: 7). Nachdem die Capoeira von angolanischen Sklav/-innen nach Brasilien gebracht worden sei, habe sie dort ohne größere Veränderungen weiter existiert, bevor sie sich im Rest der Welt verbreitet habe. Auch wenn jüngere Forschungen einige Kontinuitäten zwischen zentralafrikanischen Praktiken und Capoeira aufgezeigt haben, unterlag die Capoeira in den letzten zwei Jahrhunderten einer Reihe von wesentlichen Veränderungen, weshalb die Annahme von »perennial essences and immutable characteristics« der Capoeira für widerlegt angesehen werden kann (ebd.).

Diese drei Versionen – Entstehung der Capoeira unter Indigenen, Sklav/-innen oder Bewohner/-innen des südlichen Afrika – wurden hier zu analytischen Zwecken so vereinfacht dargestellt, um zu zeigen, dass wie überall auch hier »Geschichte weniger das wieder [gibt], was real geschehen ist, sondern (...) heraus [greift], an was man sich erinnern möchte« (Breidenbach/Zukrigl 2000: 177).[19] Daher können die verschiedenen Narrative in Anlehnung an Gabriele

17 Bezeichnung für die Siedlungen entflohener Sklav/-innen.

18 So wird beispielsweise auch Zumbi dos Palmares, dem »famous icon of black resistance« (Assunção 2005a: 6), nachgesagt, er sei ein Capoeira-Kämpfer gewesen. Allerdings gibt es »keinen einzigen Beleg, ja noch nicht einmal einen Hinweis dafür« (Assunção 1999: 8).

19 Ähnlich wie bei den Debatten um die Herkunft der Capoeira finden sich auch bei der etymologischen Herleitung des Begriffs ›Capoeira‹ unterschiedliche Ansätze, »defending alternatively a Tupi (native Brazilian), Portuguese or African origin of the term« (Assunção 2005a: 30). Ebenso wie die hier dargestellten historischen Interpretationen sind diese Erklärungen vor ihrem jeweiligen politischen Hintergrund zu betrachten. Darauf weist auch Browning (1995: 93) hin, wenn sie schreibt, dass »etymological hypotheses are also narratives, and they have political significances.«

Klein (2009a: 31) als ein »System von Erzählungen« beschrieben werden, die als »Sinnproduzenten« fungieren.

2.1.1 Das *n'golo*-Ritual

Ein wichtiges Element der auf Afrika zentrierten Ursprungsmythen stellt die Bezugnahme auf das *n'golo*-Ritual aus dem südlichen Afrika (auch bekannt als ›Zebratanz‹) dar (vgl. dazu Lewis 1992: 25). Der *Grupo de Capoeira Angola N'Golo* aus Rio de Janeiro (vgl. 0.2), der das Wort ›N'golo‹ sogar in seinem Namen trägt, beschreibt dieses Ritual folgendermaßen:

> »[Das Ritual] wurde von den jungen Männern der afrikanischen Stämme Angolas durchgeführt, und derjenige, der sich dabei als der Fähigste erwies, konnte diejenige [Frau] auswählen, die er heiraten wollte. Aus dem N'golo entstand in Brasilien, unter den als Sklaven hergebrachten Schwarzen, im Innern der Sklavenhütten, die Capoeira Angola. Mit Blick auf die Absicht der Gruppe, die Traditionen dieser Capoeira zu bewahren und zu bergen, schien daher dieser Name am geeignetsten, um das Ziel unserer Arbeit und unsere Identifikation damit zu verdeutlichen.« (http://blog.angolangolo.com)

Im *n'golo*-Ritual den Ursprung der Capoeira zu sehen, ist besonders in Capoeira-Angola-Kreisen verbreitet.[20] Assunção und Mestre Cobra Mansa (2008: 20) bezeichnen dies in einem gemeinsamen Artikel über das Thema jedoch als »zumindest fragwürdig« und zeichnen nach, wie es dazu kam, dass diese Version der Geschichte Verbreitung fand. Den beiden Autoren zufolge geht die Verknüpfung von Capoeira mit dem *n'golo*-Ritual auf den angolanischen Maler Álbano Neves e Souza zurück. Dieser besuchte 1965 Brasilien und stellte Ähnlichkeiten zwischen der brasilianischen Capoeira und einem Tanzritual seines Landes, dem *n'golo,* fest. Seine Idee, dass dieses der Ursprung der brasilianischen Capoeira sein könnte, teilte er dem brasilianischen Folkloreforscher Luís da Câmara Cascudo mit, »providing [him] with more information about the rituals associated with the *n'golo*« (Assunção 2005a: 24). Cascudo verarbeitete diese Angaben in seinen Büchern über brasilianische Folklore und bekräftigte darin Neves e Souzas Hypothese. Als es in den 1980er Jahren zur Revitalisierung und Reafrikanisierung der Capoeira Angola kam (vgl. 2.3.3), griffen ›afrozentrische‹ Capoeira-Gruppen diese These wieder auf und sahen in ihr eine Bestätigung für die »African-ness« (Mestre Moraes, zitiert ebd.: 25) der Capoeira. Assunção weist jedoch darauf hin, dass

20 So schreibt auch die *Associação de Capoeira Angola Dobrada*, um die es in dieser Arbeit geht, auf ihrer Homepage: »Als Vorläufer [der Capoeira Angola, SL] gilt ›N'golo‹, ein Kampftanz im Rahmen der Hochzeitszeremonie des Bantu-Stammes in Angola, in dem zwei Rivalen um die Braut kämpfen müssen. Vorbild für dieses Ritual ist der Kampf der Zebra-Hengste.«

> »no *mestre* ever mentioned *n'golo* prior to Neves e Souza's visit to Brazil and Câmara Cascudo's publications, and it is therefore fallacious to use later interviews, where *mestres* reflect over that important new element, as 'evidence' of a genuine oral tradition remembering the distant capoeira origins.« (ebd.: 30)

Auch wirft er die Frage auf, wie »eine Manifestation, die lediglich im 20. Jahrhundert dokumentiert ist, der ›Ursprung‹ einer Capoeira sein [kann], die mindestens seit Anfang des 19. Jahrhunderts existiert« (Assunção/Peçanha (M. Cobra Mansa) 2008: 20). Des weiteren weist er darauf hin, dass man durch die Vorstellung, das *n'golo*-Ritual habe seit der Epoche des Sklavenhandels unverändert fortbestanden, »die tiefgreifenden Veränderungen ignoriert, die die Gesellschaften auf dem Territorium Angolas in jener Periode erfahren haben« (ebd.).

Die Herleitung der Capoeira aus dem *n'golo*-Ritual ist eines von vielen Beispielen für die starke Bezugnahme auf Afrika in der Capoeira Angola. Vassallo (2005: 1) sieht dies im Kontext der Aushandlungen über die ›wahre‹ Form der Capoeira, in deren Zuge die Capoeira Angola zum »Paradigma der Reinheit« gemacht werde, wohingegen die Capoeira Regional als »verformt und Ergebnis des Synkretismus mit der westlichen Kultur« konstruiert werde. Damit blende man jedoch aus, dass »die vermeintlich afrikanischen Traditionen Gegenstand unzähliger interner Verhandlungen« seien, die im Rahmen dessen »mit neuen Bedeutungen versehen [werden], die nicht außerhalb des zeitgenössischen Kontextes gedacht werden können, in dem sie anzutreffen sind« (ebd.: 8).

2.1.2 Bahia als ›Wiege‹ der Capoeira?

Ein weiteres Feld, auf dem der Kampf um die Herkunft und Authentizität der Capoeira ausgetragen wird, sind die Debatten darum, wo in Brasilien genau die Capoeira entstanden sei. Zur Diskussion stehen dabei meist die Bundesstaaten Pernambuco, Bahia und Rio de Janeiro[21], wobei vor allem die beiden letzteren spannende Gegensätze darstellen (vgl. Araújo/Jaqueira 2009: 95). Während hierbei Rio de Janeiro im Südosten Brasiliens für Modernität, Verstädterung und – im Kontext der Suche nach Tradition und ›Reinheit‹ – den Verfall traditioneller Kultur steht, stellt Bahia im Nordosten Brasiliens dessen Gegenpol dar: ärmer, ländlicher, traditioneller und stärker von afrikanischen Einflüssen geprägt (vgl. Vassallo 2001: 13). In Bezug auf die Capoeira bedeutete dies, dass die »reinste« Capoeira ab den 1930er Jahren vor allem im Bundesstaat Bahia verortet wurde, wohingegen die Capoeira aus Rio de Janeiro als »verformt« (*descaracterizada*) galt (Vassallo 2003: 109). Vassallo kritisiert die damit einhergehenden Idealisierungen sowie die unterkomplexen Dichotomien – »Essenz«, »Reinheit« und

---

21 Dies hängt damit zusammen, dass diese Bundesstaaten zur Kolonialzeit Zentren des Zuckeranbaus waren und über die größten Häfen des Landes verfügten, weshalb dort besonders viele Sklav/-innen lebten (vgl. Vassallo 2001: 52).

»Widerstand« versus »Verformung«, »Akkulturation« und »Synkretismus« –, die ihr zufolge suggerieren, dass sich Hochkultur und Populärkultur bzw. moderne und archaisch-traditionelle Welt als homogene und geschlossene Blöcke gegenüber stehen (Vassallo 2006: 74). Diese Dichotomien finden sich auch bei der Abgrenzung von Capoeira Angola und Capoeira Regional wieder, wenn erstere mit Tradition und Reinheit gleichgesetzt, letztere hingegen als »hybrid, modern und verformt« beschrieben wird (Vassallo 2003: 111). (Vgl. dazu auch Kapitel 5.7.) So entwickelte sich zwischen den Capoeiristas die Betonung »der Reinheit und Überlegenheit der Capoeira Angola (…) zu einem zentralen Element der Identität und der Machtbeziehungen« (ebd.), und »alle Capoeira, die in der Vergangenheit gespielt wurde, wurde nun als Capoeira Angola angesehen« (ebd.: 112).

Wenn also heute viele Angoleiros die ›reinste‹ Form der Capoeira Angola in Bahia verorten, stehen sie damit auch in der Tradition derjenigen Folkloreforscher, die diesen Bundesstaat ab den 1930er Jahren zu dem Ort erklärten, »an dem die afrikanische Kultur in ihrer reinsten Form erhalten geblieben sei und der nicht zufällig die Wiege der Capoeira sei« (Vassallo 2005: 26). (Vgl. 1.1.) Assunção zufolge ist es jedoch sehr viel wahrscheinlicher, dass

> »different variants of capoeira developed in the various Portuguese colonies, and that the 'classical' form played in the harbour areas around the Bay of all the Saints (the Bahian Recôncavo) emerged only at a much later date, at the end of the nineteenth century.« (Assunção 2005a: 7)

Damit dürfte deutlich geworden sein, dass keiner der hier aufgeführten Mythen für sich die absolute ›Wahrheit‹ beanspruchen kann. Es ist auch nicht die Aufgabe einer ethnologischen Arbeit, darüber zu entscheiden, welche dieser Versionen ›wahrer‹ ist. Vielmehr sind sie für den Kontext dieser Arbeit von Bedeutung, da sie durch ihre Komplexitätsreduktion, Vereinfachung und Essenzialisierung wichtige Funktionen für die Identität der Angoleiros erfüllen, denn: »Myths support the narrative of what communities or nations decide to remember and they are constructed in such ways that oblivion can be facilitated« (ebd.: 8). Somit wurden sie dargestellt, um im weiteren Verlauf der Arbeit einordnen zu können, wie sich die Mitglieder der untersuchten Gruppe darauf beziehen, wie sie diese Narrative für sich interpretieren und welche Rolle diese für ihre ›Capoeirista-Identiät‹ spielen. Insofern hat auch der folgende Abschnitt nicht das Ziel, die ›wirkliche‹ Geschichte der Capoeira zu präsentieren, sondern lediglich einige historische Eckdaten zu markieren und aufzuzeigen, wie sich die Capoeira im 19. und 20. Jahrhundert unter Bezugnahme auf verschiedene der genannten Ursprungsmythen entwickelt hat.

2.2 19. Jahrhundert: Kriminalisierung und Repression

Trotz der skizzierten Kontroversen über Ursprung und ›Essenz‹ der Capoeira herrscht Assunção (ebd.: 32) zufolge im allgemeinen kein Zweifel daran, dass »the art in its present form developed out of the Brazilian context of colonial slave culture.«[22] Dabei kann die Zeit vor 1800 als »Vorgeschichte der Capoeira (…) bezeichnet werden«, denn »[b]is heute belegen keine Quellen ihre Existenz vor diese[m] Datum, trotz der immer wieder aufgestellten Behauptung, dass Capoeira seit dem 17. oder sogar dem 16. Jahrhundert existiert hätte« (Assunção 1999: 7). Die ersten Erwähnungen des Begriffs ›Capoeira‹ finden sich in Quellen der Stadt Rio de Janeiro, nachdem im Jahr 1808 das portugiesische Königshaus dorthin übergesiedelt war und Rio de Janeiro für 14 Jahre die Hauptstadt des portugiesischen Reiches bildete (vgl. ebd.: 8). Zu der Zeit wird Capoeira beschrieben als »eine im Wesentlichen schwarze Aktivität, die von Sklaven aus den verschiedenen afrikanischen Ethnien praktiziert wird, welche nach Brasilien verschifft wurden« (Vassallo 2001: 10). Die Mitglieder der herrschenden Elite und der städtischen Sklavenhalter-Mittelschicht sahen in der Capoeira daher eine Gefahr für die öffentliche Sicherheit und definierten sie als Verstoß gegen die öffentliche Ordnung, weshalb »any slave or freedman caught *in flagrante*, even though without doing any harm to property or persons, was to suffer immediate 'correction' in the form of brutal whipping« (Assunção 2005a: 10).[23]

Ab ungefähr 1840 wurde Capoeira zunehmend mit den berüchtigten *maltas* in Verbindung gebracht, rivalisierenden Banden, die Capoeira als Kampftechnik einsetzten (vgl. dazu Vassallo 2001: 57f). Diese Gangs, die besonders in Rio de Janeiro verbreitet waren, bildeten »a kind of secret society of predominantly young, black or coloured lower-class males in a hostile environment dominated by white and mestizo slave owners« (Assunção 2005a: 84) und prägten das Bild der Capoeira für lange Zeit. Ab der zweiten Hälfte des 19. Jahrhunderts verbreitete sich die Capoeira jedoch allmählich auch in anderen Schichten der brasilianischen Gesellschaft: europäische Einwanderer, die ihre Freizeit mit afrikanischstämmigen Sklaven verbrachten; Intellektuelle, die die Schwarzen und die populären Schichten als Gegenstand ihrer Forschung ›entdeckten‹ oder die auf der Suche nach einer ›brasilianischen Essenz‹ waren; Künstler, sowie junge Männer

22 Der Handel mit afrikanischen Sklav/-innen setzte in Brasilien Ende des 16. Jahrhunderts ein und nahm in den folgenden Jahrhunderten solche Ausmaße an, dass Brasilien das Land in den Amerikas ist, das die größte Anzahl versklavter Afrikaner/-innen ›importierte‹ (vgl. Costa 2007: 127).

23 Für eine ausführliche Darstellung der Kriminalisierung von Capoeira im 19. Jahrhundert vgl. Chvaicer (2002) und Holloway (1989).

aus den oberen Schichten, die auf der Suche nach Abenteuern oder Abwechslung waren (vgl. Vassallo 2001: 10f).[24]

Nach Abschaffung der Sklaverei im Jahr 1888 sowie Brasiliens Unabhängigkeit und der Ausrufung der Republik im Jahr 1889 galt Capoeira allerdings weiterhin als »a hideous practice reflecting lower class, and particularly African, barbarism« und somit als ein »obstacle to progress«, das es zu beseitigen gelte (Assunção 2005a: 11). Dieses Image einer Aktivität von *vagabundos*[25] und *malandros*[26] haftete der Capoeira noch für viele Jahrzehnte an und äußerte sich in starken Vorurteilen gegenüber der Capoeira, die in weiten Teilen der brasilianischen Gesellschaft vorherrschten und teilweise noch heute zu finden sind (vgl. ebd.). Mit Beginn des 20. Jahrhunderts nahm die starke Kriminalisierung und Repression der Capoeira jedoch allmählich ab, was mit mehreren Faktoren zusammenhing, die im Folgenden beleuchtet werden sollen.

2.3 20. Jahrhundert: Zwischen ›ginástica nacional‹ und ›schwarzem Widerstand‹

Die mit dem 20. Jahrhundert einsetzende positivere Einstellung gegenüber der Capoeira ist im Kontext eines sich etablierenden Nationalstaates zu sehen, der auf der Suche nach nationalen Symbolen und ›kulturellen Wurzeln‹ die Capoeira als »genuin nationale Gymnastik« für sich entdeckte (Fonseca 2008: 7).[27] Reed (1998: 511) zufolge ist Tanz »a powerful tool in shaping nationalist ideology«, und sie stellt fest:

> »The appropriation of the cultural practices of the rural peasantry or of the urban lower classes by the state is a pervasive strategy in the development of national cultures throughout the world, whether as indications of the dominance of one ethnic group or as displays of cultural pluralism.« (ebd.)

---

24 Capoeira wurde zu der Zeit fast ausschließlich von Männern praktiziert. Dies begann sich erst ab Mitte des 20. Jahrhunderts zu ändern und ist ein Prozess, der bis heute andauert. Zwar betonen heute so gut wie alle Capoeira-Spieler/-innen und Mestres, dass Capoeira ebenso sehr für Frauen wie für Männer geeignet sei und berufen sich dabei zum Teil auch auf historische Figuren wie Mestre Pastinha und dessen »famous saying that 'capoeira is for man, child and woman'« (Assunção 2005a: 163). Allerdings beschreiben viele Frauen die Capoeira-Welt nach wie vor als sehr männerdominiert. Auch gibt es z.B. nach wie vor fast keine weiblichen Mestres (vgl. dazu Vassallo 2001: 248ff).

25 Vagabunden, Herumtreiber.

26 Gauner, ›Schlawiner‹.

27 Für eine ausführlichere Darstellung dieses Prozesses vgl. Reis (1993).

Im Falle Brasiliens veränderte sich die Einstellung des Staates gegenüber Capoeira im Lauf des 20. Jahrhunderts entscheidend (vgl. auch 6.2.1). Den Beginn dieser Entwicklung stellten zum einen die bereits in Kapitel 1.1 erwähnten Folklorestudien dar, die aus einer romantischen Perspektive heraus »die Capoeira als Nationalsport par excellence und den Capoeirista als Nationalhelden« präsentierten (Fonseca 2008: 5). Zum anderen weckte die Capoeira das Interesse von Vertreter/-innen aus Gesellschaft und Militär, die »eine nationale Methode der Sportausbildung« (ebd.: 6) entwickeln und in allen Bildungseinrichtungen verpflichtenden Sportunterricht einführen wollten.

Vor dem Hintergrund dieser »Rehabilitierung der Capoeira« (ebd.: 7) kam es ab den 1930er Jahren zu wesentlichen Veränderungen in der Capoeira, die Assunção (2005a: 128) unter dem Begriff der »Modernisierung« fasst. Diese Veränderungen hängen mit der Entstehung der beiden Stilrichtungen Capoeira Regional und Capoeira Angola zusammen und werden oft an zwei zentralen Figuren festgemacht, Mestre Bimba und Mestre Pastinha. Auch wenn offensichtlich die Fokussierung auf zwei Einzelpersonen eine extreme Verkürzung der vielschichtigen Entwicklungsprozesse darstellt, sei deren jeweilige Rolle hier kurz skizziert, da viele Vertreter/-innen der beiden Stilrichtungen sich auf sie als ›Gründungsfiguren‹ beziehen.

Zuvor sei knapp der historische Kontext umrissen, in dem die beiden Capoeira-Stile entstanden und der sich auszeichnete durch eine Stärkung der »popular culture as an expression of genuine national identity« (ebd.: 165). Dabei fällt auf, dass sowohl M. Bimba als auch M. Pastinha im Bundesstaat Bahia lebten, der zu jener Zeit »was being consecrated as a privileged marker of national identity«, indem »the Vargas[28] regime and its successors promoted Bahian popular culture as the authentic expression of Brazilian-ness« (ebd.: 164).

Die Vorstellung eines ›traditionelleren‹ Nordostens wurde ab den 1930er Jahren u.a. von Intellektuellen wie Gilberto Freyre geprägt und stellt bis heute ein zentrales Narrativ in Brasilien dar. Demnach gilt der Nordosten als »the ‘true’ Brazil, as opposed to the South, submerged by ‘foreign’ influences« (ebd.: 28). Assunção führt aus, dass die Behauptung eines ›authentischeren‹ Nordostens »was to a certain extent endorsed by the regime and other opinion makers, and found its way into the set of common assumptions shared by Brazilians«, was u.a. darin zum Ausdruck kam, dass ab den 1940er Jahren Karnevalslieder in Rio de Janeiro »exalted Bahia as the birthplace of Brazilian culture« (ebd.).

Diese Entwicklung erfolgte vor dem Hintergrund der Entstehung des sogenannten »Mythos der drei Rassen« (Da Matta 1993), zu dem auch Freyre mit seinen

[28] Getúlio Dornelles Vargas (1883-1954) war von 1930 bis 1945 und von 1950 bis 1954 Präsident Brasiliens.

Schriften – vor allem seinem Hauptwerk »Casa Grande e Senzala« aus dem Jahr 1933 – entscheidend beitrug (vgl. Costa 2007: 150). Diesem Mythos zufolge kam es in Brasilien zu einer harmonischen ›Vermischung‹ der drei ›Rassen‹ (Schwarze, Indigene und Europäer/-innen), die aus Brasilien eine ›Rassendemokratie‹ (*democracia racial*) machte – eine Idee, wie sie auch in den nationalen Narrativen über *mestiçagem* und *miscigenação* zu finden ist. Costa schreibt diesbezüglich, dass

> »mit den Termini Mestizaje (Spanisch) oder *Mestiçagem* (Portugiesisch) die Nationsideologen in Lateinamerika die ›Durchmischung‹ von ›Kulturen‹ und ›Rassen‹ meinen. Gegen die Anfang des 20. Jahrhunderts vorherrschenden Rassentheorien, die von jeder ›Rassenkreuzung‹ abrieten, wollten die Befürworter der *Mestiçagem* das Modell einer kulturell und biologisch ›gemischten‹ Nation prägen, in der sich ethnische und rassistische Demarkationslinien auflösen.« (ebd.: 145, Hervorhebungen i.O.) [29]

Im Zuge dieser Konstruktion einer genuin brasilianischen Identität wurde die Folklore zu einem »Ort der Herzlichkeit« erklärt, der die verschiedenen sozialen und ethnischen Gruppen verbinden und gleichzeitig »eine Nische des Archaischen in einer modernen Welt« darstellen sollte (Vassallo 2006: 72). Angesichts der Modernisierung des Landes sahen viele Intellektuelle die ›authentischen‹ Kulturphänomene durch den Fortschritt bedroht und begaben sich auf die Suche nach »überlebenden« kulturellen Phänomenen, die sie vor allem im Nordosten Brasiliens, insbesondere im Bundesstaat Bahia, zu finden glaubten (Vassallo 2003: 109).[30]

2.3.1 Mestre Bimba und die Entstehung der Capoeira Regional

M. Bimba (mit bürgerlichem Namen Manoel dos Reis Machado) gilt als Begründer der Capoeira Regional. Da ihm die traditionelle Capoeira nicht effizient genug erschien, entwickelte Bimba ab Ende der 1920er Jahre eine neue Form von Capoeira, die er ›*luta regional baiana*‹[31] nannte, woraus sich mit der Zeit die heutige Bezeichnung ›Capoeira Regional‹ ergab (vgl. Assunção 1999: 15). Nachdem seit Anfang des Jahrhunderts asiatische Kampfkünste in Brasilien

---

29 Diese Idee ist zwar bis heute in Brasilien populär, »steht jedoch nicht mehr im Vordergrund des Politischen, denn zentrale Prämissen dieses Konstrukts wurden durch jüngste Entwicklungen definitiv in Frage gestellt« (ebd.: 154). So erklärte der 1979 gegründete *Movimento Negro Unificado* (MNU, Vereinigte Schwarzenbewegung) »den Mythos der *democracia racial* zu ihrem Hauptfeind«, da für sie »das rhetorische Versprechen der Gleichberechtigung von Weißen und Schwarzen nicht nur eine Manipulation der Realität dar[stellt], sondern auch ein Herrschaftsinstrument, das die Schwarzen ihre soziale Unterordnung nicht erkennen lässt« (ebd.: 168).

30 Zur Kritik an dieser Vorstellung vgl. Araújo/Jaqueira (2009: 95).

31 ›Regionalkampf Bahias‹.

an Bekanntheit gewonnen hatten, zeigte sich für Bimba im Vergleich dazu die technische Unterlegenheit der Capoeira, weshalb er wesentliche Neuerungen einführte: So verlegte er »die Praxis von der Straße in einen geschlossenen Raum, die ›Akademie‹, und unterteilte sie in gymnastische Übungen (…) [sowie] entwickelte eine Reihe von standardisierten Abläufen (*sequências*), die Anfänger auf die Teilnahme an der *roda* vorbereiten sollte[n]« (ebd.: 16). Auch führte Bimba neue Angriffe und Gegenangriffe ein, wobei sich seine Form der Capoeira generell »durch schnellere Bewegungsabläufe und eine insgesamt aufrechtere Haltung« auszeichnete (ebd.). Außerdem etablierte er bestimmte hierarchische Abstufungen, die die Schüler/-innen zu durchlaufen hatten und stellte Regeln auf, denen sie sich unterwerfen mussten (z.B. Rauch- und Alkoholverbot).

Indem Bimba die größere Effizienz seiner Capoeira-Technik bei öffentlichen Kämpfen unter Beweis stellte, erregte er »das Interesse von Militärs und nationalistischen Intellektuellen, die Methoden zur Stärkung der brasilianischen Männlichkeit oder nationale Symbole suchten« (ebd.). 1937 wurde seine Akademie staatlich anerkannt, und im Jahr 1953 empfing der damalige Präsident Getúlio Vargas Mestre Bimba persönlich, wobei er »die Capoeira als ›einzig wahren brasilianischen Sport‹ lobte« (ebd.). Allerdings gelang es Bimba trotz der Anerkennung von offizieller Seite nie, »sich eine gesicherte Existenz aufzubauen und er verstarb 1974 verbittert und in Armut« (ebd.). Indem seine Schüler/-innen in allen Teilen Brasiliens sowie in den USA und Europa Akademien gründeten, wurde die Capoeira Regional »in den 1960er und 70er Jahren zum Inbegriff von Capoeira schlechthin« (ebd.).

2.3.2 Mestre Pastinha und die Kodifizierung der Capoeira Angola

Im Gegensatz zu Bimbas Bestrebungen, eine effizientere und ›modernere‹ Capoeira zu entwickeln, gab es auch Capoeiristas, denen es bewusst um eine »Revitalisierung der traditionalen Capoeira« (ebd.: 17) ging, für die sich ab den 1930er Jahren die Bezeichnung ›Capoeira Angola‹ etablierte (vgl. Assunção 2005a: 154). Der Name Capoeira *Angola* entstand dabei in Anlehnung an die afrikanischen ›Nationen‹, die in Bahia ein wichtiges Element der afrikanischstämmigen Bevölkerung ausmachten und nach denen auch im Candomblé[32] die Zugehörigkeit zu einer bestimmten Gruppe organisiert ist (vgl. dazu ebd.: 21). In diesem Kontext standen Nationen wie ›Angola‹ oder ›Congo‹ für »a neo-African identity of slaves and their descendants in the American diaspora rather than an original African ethnicity or the actual state with that name« (ebd.: 159). Die Benennung der traditionellen Capoeira als Capoeira Angola betonte also den afrikanischen Ursprung der Capoeira und half dabei, »to 're-Africanize' a prac-

[32] Afro-brasilianische Religion.

tice at a time reformers such as Bimba claimed that capoeira was Brazilian altogether, and had been entirely developed in the New World« (ebd.).

Mestre Pastinha (Vicente Ferreira Pastinha), der von 1889 bis 1981 lebte, gilt als derjenige, der die Kodifizierung der Stilrichtung Capoeira Angola wesentlich begründete.[33] Die Berichte, denen zufolge der Sohn eines Spaniers und einer Afro-Brasilianerin aus Bahia Capoeira von ›einem alten Afrikaner‹ gelernt habe – der dazu noch laut manchen Darstellungen aus Angola stammte (vgl. ebd.: 152) – sind im Lichte der bereits erwähnten Bestrebungen, die Capoeira zu reafrikanisieren, sicherlich zu hinterfragen. Jedenfalls eröffnete er um 1910 seine erste Capoeira-Schule, zog sich allerdings von 1912 bis 1941 aus der Capoeira zurück (vgl. ebd.: 153f). Nachdem in den 1930er Jahren 22 Mestres gemeinsam in Salvador eines der ersten Capoeira-Angola-Zentren gegründet hatten, wurde Pastinha 1941 seinen eigenen Berichten zufolge gefragt, ob er die Leitung des Zentrums übernehmen wolle und nahm das Angebot an (vgl. ebd.: 154f). In den folgenden Jahren unternahm er mehrere Versuche, das Zentrum neu zu organisieren, was schließlich 1949 mit der Gründung des *Centro Esportivo de Capoeira Angola* (CECA) gelang:

> »Here the centre finally took off, supported by friends and neighbours [and] Pastinha succeeded in getting support from famous *mestres* who were not his students.« (ebd.: 155)

Pastinha führte entsprechend den Farben seines Fußballvereins Uniformen aus schwarzen Hosen und gelben T-Shirts ein – wie sie heute in vielen Capoeira-Angola-Gruppen üblich sind –, stellte eine Reihe von Regeln auf, stärkte die Rolle der Capoeira-Musik und betonte den ›philosophisch-rituellen‹ Charakter der Capoeira (vgl. ebd.: 156ff). 1952 wurde der CECA offiziell in das notarielle Vereinsregister eingetragen. Das entsprechende Statut definierte es als die Ziele des CECA,

> »›to teach, to spread and to develop, theoretically and practically, the stylish capoeira (‘capoeira de estilo’), the genuine ‘ANGOLA’, which has been passed on to us by the primitive [original] Africans that disembarked here in the Bay of All the Saints‹.« (zitiert ebd.: 155)

Die Betonung der afrikanischen Wurzeln der Capoeira war zu jener Zeit nicht unproblematisch, denn »[t]he assertion of African-ness itself was still perceived in Brazil as ‘unpatriotic’ and ‘divisive’« (ebd.: 160). Hinzu kamen Herausforderungen innerhalb der afro-brasilianischen Community selbst. Während hier nämlich die von Sklav/-innen aus Westafrika abstammenden ›Nagô‹ (oder ›Yoruba‹) als die widerständigere und weniger ›angepasste‹ Gruppe galten und die afro-ba-

33 Allerdings gibt es auch Auseinandersetzungen darüber, wie zulässig es ist, M. Pastinha als ›Begründer‹ der Capoeira Angola zu bezeichnen (vgl. dazu 6.2.2).

hianische Kultur und Religion dominierten, sah man die Nachfahren der ›Bantu‹ aus dem südlichen Afrika als »inferior and not faithful to traditions« (ebd.) an.[34] Capoeira *Angola* weckte also Assoziationen mit den Bantu, denen Synkretismus und Akkulturation vorgeworfen wurden – also das genaue Gegenteil dessen, worum es den traditionalistisch orientierten Angoleiros ging. Angesichts dieser Vorstellung von »Nagô purity versus Bantu hybridity« (ebd.: 22) bot die Hypothese, die Capoeira stamme von dem *n'golo*-Ritual (›Zebratanz‹) im südlichen Afrika ab (vgl. 2.1.1), möglicherweise eine willkommene Gelegenheit, der Capoeira Angola eine ›authentische‹ und ›echt afrikanische‹ Wurzel zuzuschreiben. Pastinha übernahm denn auch im Lauf der Jahre diese Version der Geschichte; dennoch war er »less dogmatic on the issue than some present-day angoleiros« (ebd.: 160), indem er bekannte:

> »There are many stories about the origin of capoeira which nobody knows if they are true or not. The game of the zebra [= *n'golo*] is one of them.« (zitiert ebd.)

Auch wenn die Angoleiros ihre Aktivität als Fortsetzung der traditionellen Capoeira ansahen und daher viele heutzutage in Pastinha den ›Bewahrer‹ der traditionellen Capoeira sehen, betont Lewis (1992: 63), dass auch Pastinha neue Aspekte und Innovationen in die Capoeira eingeführt habe. Vassallo (2003: 112) hebt ebenfalls hervor, Pastinha habe »[p]aradoxerweise (…) viel zur Modernisierung der Capoeira beigetragen«. So sei er einer der ersten gewesen, die von ›Capoeira Angola‹ sprachen und die ihre Schule offiziell registrierten. Dies stellte einen wichtigen Schritt für die Institutionalisierung und Formalisierung der Capoeira dar, deren Veränderungen ab 1940 oft als ›Versportung‹[35] beschrieben werden. Zwar werfen häufig Angoleiros den Vertreter/-innen der Capoeira Regional vor, durch die Einführung von Elementen wie Gürteln, Wettkämpfen oder Föderationen die Capoeira zu ›verformen‹ (*descaracterizar*) und zu ›versporten‹ (vgl. Vassallo o.D.: 8). Jedoch schildert Vassallo (2003: 113), dass auch M. Pastinha Neuerungen eingeführt sowie den sportlichen Charakter der

34 Ein populärer Vertreter dieser »distinction between a 'higher' West African (Jeje-Nagô) culture and a 'lower' Central African (Bantu) culture« (ebd.: 21) war der Arzt und Anthropologe Raymundo Nina Rodrigues (1862-1906). Dieser setzte sich zwar sehr gegen die Repression von Candomblé* und afro-brasilianischer Kultur im Allgemeinen ein, war dabei jedoch auch stark beeinflusst von den europäischen Rassentheorien seiner Zeit und argumentierte beispielsweise, »that Negroes and Indians, being racially inferior, could not be expected to behave like whites and thus the Criminal Code should not treat them as equals« (ebd.).

35 Als ›Versportung‹ bezeichnet man in der Sportsoziologie den Prozess, »in dem eine traditionelle Bewegungsform Züge des (westlichen) Sports annimmt« (Norden/Polzer 1995: 188).

Capoeira betont habe, und Assunção beschreibt ebenfalls, dass Pastinha Capoeira Angola als Sport – und nicht bloß als Tanz, Ritual oder Philosophie – verstanden habe:

> »The ethics of sports spreading at that moment throughout the Western world seemed to provide a model consistent with the type of behaviour Pastinha wanted to see implemented in the capoeira *rodas*.« (Assunção 2005a: 156)

In den folgenden Jahren spielte Pastinha eine zentrale Rolle bei der Etablierung der Capoeira Angola, unterstützt von einer Reihe befreundeter Künstler und Intellektueller (vgl. ebd.: 162f).[36] Ab den 1960ern Jahren besuchten zunehmend auch Tourist/-innen seine Akademie, die mittlerweile auf den berühmten Pelourinho-Platz im Zentrum von Salvador umgezogen war, und Pastinha »became a popular and widely respected figure in Salvador and beyond« (ebd.: 164). Die Entwicklung des Tourismus in Salvador profitierte dabei von der oben bereits erwähnten »rediscovery of Brazilian popular culture« (ebd.: 165), in deren Zuge Bahia seit den 1940er Jahren zum Ort ›authentischer‹ brasilianischer Kultur erklärt wurde. Entsprechend förderte auch die Tourismusabteilung der Stadt Salvador »the creation of folklore groups for exhibitions« (ebd.) und finanzierte Capoeira-Auftritte von M. Bimba, M. Pastinha und weiteren Mestres in anderen brasilianischen Bundesstaaten (vgl. ebd.: 166).

Im Alter von 93 Jahren starb M. Pastinha wie M. Bimba trotz seiner früheren Popularität sehr verarmt, nachdem er Anfang der 1970er Jahre seine Akademie aufgrund der Restauration des Gebäudes hatte räumen müssen und in den folgenden Jahren immer weniger Unterstützung von öffentlicher Seite bekommen hatte.

Zusammenfassend lässt sich sagen, dass Pastinha einerseits »undoubtedly remained much closer to existing traditions than Bimba«, dass er jedoch andererseits auch eindeutig ›moderne‹ Elemente in die Capoeira Angola einführte, indem »he – just like Bimba – moved training and *rodas* away from the street, instituted the *academia*, created uniforms, started to teach women and presented capoeira to new audiences« (ebd.: 168). Die Capoeira-Stile, die die beiden Mestres prägten, bieten daher laut Assuncão (ebd.: 169) letztlich einfach »different solutions to the polarities between which all capoeira practice ultimately evolved: fast and slow, ritual and combat, playful and antagonistic.« (Vgl. dazu auch 5.7.)

---

[36] Besonders bekannt ist hierbei Pastinhas Freundschaft mit dem Schriftsteller Jorge Amado. Populär geworden ist dessen Erwähnung von Pastinhas Akademie in dem Buch »Bahia de Todos os Santos. Guia das ruas e dos mistérios da cidade de Salvador« (Amado 1958; vgl. Vassallo 2003: 115). Zur Unterstützung Pastinhas durch Intellektuelle wie Jorge Amado vgl. auch Fonseca (2008: 16f).

2.3.3 Reafrikanisierung und Globalisierung

Während in den 1970er Jahren Capoeira Angola eher ›aus der Mode zu kommen‹ schien, änderte sich dies ab den 80er Jahren grundlegend, als es zu deren »revitalization« und »re-invention« kam (ebd.: 188f). Diese Entwicklung stand in engem Zusammenhang mit der »re-emergence of the Black Movement and the revaluation of the Afro-Brazilian heritage in Brazilian society« (ebd.: 186) – ein Prozess, der auch als ›Reafrikanisierung‹ bezeichnet wird (vgl. dazu Costa 2007: 164f; Castro 2007: 51ff). Im Zuge dessen kam es seit den 70er Jahren zur »Konstruktion einer *positiven Identität* auf Seiten der Schwarzen, mit dem Ziel, ihre Geschichte und ihre Rechte als Mitglieder der brasilianischen Gesellschaft sichtbar zu machen« (Santos 1999: 19, Hervorhebung i.O.).

Diese gesamtgesellschaftliche Entwicklung kann hier nicht detailliert wiedergegeben werden.[37] Für die Capoeira hatte sie zur Folge, dass es möglich wurde, die afrikanischen Wurzeln der Capoeira Angola selbstbewusster zu betonen. Indem der *movimento negro* – wie die verschiedenen afro-brasilianischen sozialen Bewegungen zusammenfassend genannt werden – die schwarze Kultur als Symbol des Widerstands etablierte, erhielt also die afro-brasilianische Kultur eine explizit politische Konnotation (vgl. Vassallo 2006: 75). Allerdings konnten dabei »nur jene kulturellen Ausdrucksformen zu Ikonen des Widerstands werden, die als genuin afrikanisch oder rein galten« (ebd.); die bisher von Folklorist/-innen hochgelobte Idee der *mestiçagem* (vgl. 2.3) wurde nun als Konformismus kritisiert. Bei der Suche nach den vermeintlich ›authentischsten‹ afrikanischen Traditionen blieb man den bisherigen Definitionen von ›rein‹ oder ›unecht‹ verhaftet: Candomblé* und Capoeira Angola bildeten weiterhin die Ikonen des Traditionalismus und des schwarzen Widerstands (vgl. ebd.). Capoeira Regional hingegen sahen (und sehen) viele Angoleiros als Inbegriff von Assimilation – eine Sicht, die Vassallo als essenzialistisch kritisiert und der sie vorwirft, Kultur in eine bloße Reproduktion des Vergangenen zu verwandeln, die nicht verändert werden darf (vgl. ebd.: 76).

Der 1980 von M. Moraes gegründete *Grupo de Capoeira Angola Pelourinho* (GCAP[38]) ist eine der bekanntesten Capoeira-Angola-Gruppen, die zu jener Zeit ihre Arbeit explizit ›afropolitisch‹ ausrichteten und in der Capoeira Angola ein Mittel für »the dissemination of Afro-Brazilian racial pride« sahen (Assunção 2005a: 188). Die Gruppe erhielt dabei u.a. durch afro-zentrische Forscher aus den USA Unterstützung – eine Tatsache, die umgekehrt auch dazu beitrug, dass die Capoeira Angola in Brasilien weiter an Ansehen gewann (vgl. auch Kap. 6.2). Seither hat sich der GCAP zu einer der bekanntesten Capoeira-Angola-Gruppen entwickelt, weshalb das Fort Santo Antônio, in dem die Gruppe trai-

37 Für eine ausführlichere Darstellung vgl. Costa (2007: 167-174) und Owensby (2005).

38 Sprich: »Schekap«.

niert, zu einem Anziehungspunkt für Tourist/-innen ebenso wie für ausländische Wissenschaftler/-innen – darunter Alejandro Frigerio, Kenneth Dossar, J. Lowell Lewis und Greg Downey (vgl. Kap. 1) – geworden ist (vgl. Castro 2009: 53).

Mestre Moraes, der von Beruf Englischlehrer ist sowie einen Masterabschluss in Geschichte hat, kommentiert in seinem populären und stark frequentierten Blog regelmäßig aktuelle Entwicklungen der Capoeira Angola (vgl. http://mestremoraes-gcap.blogspot.com). Dabei sieht er sich deutlich in der Tradition von Mestre Pastinha (vgl. 2.3.2), wenn er schreibt:

> »Wir befinden uns vor einer großen Herausforderung: den Ideen von Mestre Pastinha Kontinuität zu verleihen, selbst angesichts der notwendigen kulturellen Dynamik, die die Capoeira Angola durchläuft, jenseits ihrer ungezügelten Globalisierung.« (Moraes 2010a)

Dies verweist auf die ab Ende der 1970er Jahre einsetzende weltweite Verbreitung der Capoeira, die in den USA ihren Ausgang nahm, aber bald auch Europa erreichte sowie in geringerem Ausmaß Israel, Südafrika und Kanada (vgl. Assunção 2005a: 190ff). Mittlerweile findet man auch in Osteuropa, Südostasien, mehreren lateinamerikanischen Ländern und dem südlichen Afrika Capoeira-Akademien (vgl. ebd.: 193). Welche Konsequenzen diese globale Ausbreitung für die Capoeira hat und zu welchen Veränderungen und Aushandlungsprozessen es dabei kommt, ist auch Gegenstand der vorliegenden Arbeit.

2.4 21. Jahrhundert: Anerkennung als nationales Kulturerbe

Heute stellt Capoeira ein weithin bekanntes brasilianisches ›Exportprodukt‹ dar und wird ähnlich wie Samba oder Karneval als ›typisches‹ Kulturphänomen Brasiliens angesehen. Als solches ist es gleichzeitig mittlerweile weltweit verbreitet – man geht davon aus, dass Capoeira in bis zu 150 Ländern trainiert wird (vgl. Fundação Cultural Palmares 2008). Dementsprechend hat sich im Verlauf des 20. Jahrhunderts auch die Haltung des brasilianischen Staates gegenüber der Capoeira längst weg von der Kriminalisierung hin zur Anerkennung verändert. Wie Ferreira (2009: 72) hervorhebt, kommt diese Anerkennung reichlich spät, denn »die Verbreitung der Capoeira im Ausland geschah ohne jegliche offizielle Förderung, Unterstützung oder Finanzierung.« Dass die Regierung der Capoeira nun Unterstützung zukommen lasse, erkläre sich daraus, dass die Capoeira-Gruppen im Ausland »der Verbreitung des Images von Brasilien und der portugiesischen Sprache einen Dienst erweisen, ohne dass dies die öffentlichen Kassen einen Cent kostet« (ebd.). Die Popularität der Capoeira im Ausland komme außerdem dem Tourismus zugute, was sich daran zeige, dass jedes Jahr eine beträchtliche Anzahl von Tourist/-innen aus Interesse an den dortigen Capoeira-

Schulen in Städte wie Salvador und Rio de Janeiro reisten (vgl. ebd.).[39] Ferreira (ebd.) schlussfolgert, dass »es nötig war, dass die Capoeira Brasilien verlässt und in den ›Ländern des Nordens‹ als ›afro-brasilianisches kulturelles Vermächtnis‹ an ›Wert‹ gewinnt, um offiziell von der brasilianischen Regierung anerkannt und gefördert zu werden.« (Vgl. dazu auch 6.2.1.) Diese Analyse trifft zum Teil zu; zum Teil spielten dabei jedoch durchaus auch innenpolitische Aspekte eine zentrale Rolle, wie z.B. das Erstarken der Schwarzenbewegung und die damit verbundenen Veränderungen in der gesellschaftlichen Position der afro-brasilianischen Bevölkerung. Auch erfüllte die Capoeira wie oben ausgeführt bereits vor ihrer Reafrikanisierung und weltweiten Ausbreitung eine wichtig Funktion als identitätsstiftende ›Nationalgymnastik‹.

Diese Entwicklung fand im Jahr 2008 darin ihren Ausdruck, dass die Capoeira durch das zum Kulturministerium gehörende Institut für das Historische und Künstlerische Nationalerbe (IPHAN, *Instituto do Patrimônio Histórico e Artístico Nacional*) als »immaterielles brasilianisches Kulturerbe« (*patrimônio cultural imaterial brasileiro*) anerkannt wurde (vgl. Fundação Cultural Palmares 2008).[40] Diesen Status haben beispielsweise auch der *Frevo* (ein im Nordosten Brasiliens entstandener Tanz), die besondere Zubereitungsweise einer Käsesorte im Bundesstaat Minas Gerais, bestimmte regionale Feste sowie Elemente des Samba inne (vgl. IPHAN o.D.). In Bezug auf die Capoeira wurden einerseits die Capoeira-*roda*, andererseits die Position des Mestre als Kulturgut registriert. Mit der Registrierung als immaterielles Kulturerbe ging die Implementation eines »Plans zur Bewahrung« (*plano de preservação*) einher, der u.a. folgende Maßnahmen vorsieht: Sozialversicherungen für alte Mestres, Einführung eines Programms zur weltweiten Förderung der Capoeira, Schaffung eines Forschungs- und Dokumentationszentrum über Capoeira sowie Anbauplanung für Biribas, jene Bäume, aus deren Holz *berimbaus** hergestellt werden (vgl. IPHAN 2008).

Welche Folgen dieser Schritt hin zu einer verstärkten Integration der Capoeira in den staatlich-nationalen Rahmen für die Praktik haben wird, ist noch nicht abzuschätzen. Er wird in der Capoeira-Welt sehr unterschiedlich bewertet und löste dort in den letzten Jahren heftige Debatten aus. So sehen viele Capoeiristas die Maßnahme angesichts der ›widerständigen‹ Geschichte der Capoeira als eine

39 Salvador mit seinem großen Anteil afro-brasilianischer Bevölkerung ist hierbei besonders populär, denn es übernimmt Costa (2007: 166) zufolge »[d]urch die Reafrikanisierungstendenzen (...) eine immer deutlichere Position im kulturellen Kreis des *Black Atlantic*. Die Stadt wird gleichzeitig zum Erhaltungsort authentischer Traditionen wie zum Absatzmarkt ›moderner ethnischer Produkte‹.«

40 Die Erklärung zum *patrimônio cultural* hat vorerst nur nationale Bedeutung. Ob Capoeira in Zukunft auch von der UNESCO als immaterielles Weltkulturerbe anerkannt werden könnte, ist zur Zeit noch offen. (Vgl. dazu Ferreira 2009: 71-74; Aceti 2010: 118f.) Ich gehe in Kapitel 7.2 kurz auf diese Entwicklung ein.

unangemessene Vereinnahmung von staatlicher Seite an. Capoeira-Mestres kritisieren Überlegungen, denen zufolge in Zukunft diejenigen, die an Schulen Capoeira unterrichten, ein Sportstudium nachweisen sollen, als elitäre Einmischung in ihre Kunst. Sie fürchten angesichts dieser Regulierungsversuche um ihre Autorität und fordern eine stärkere Beteiligung an dem Prozess. Auch Mestre Moraes (vgl. 2.3.3) äußert sich diesbezüglich immer wieder kritisch und fasste seine Kritik an den staatlichen Behörden 2010 in einem Blogeintrag mit dem Satz »Parceria sim, intervenção não!« (»Partnerschaft ja, Intervention nein!«) zusammen (Moraes 2010b). Die Auseinandersetzungen lassen sich als Teil eines Diskurses beschreiben, den Assunção als »korporativ-initiatorisch« bezeichnet. Dieser

> »verweigert den Wert akademischer Untersuchungen und privilegiert die Transmission von Kenntnissen über die Geschichte der Capoeira via oraler Tradition. (...) Er spiegelt die Reaktion von professionellen oder semi-professionellen, oft nicht akademisch ausgebildeten Capoeira-Lehrern wieder. Diese bestreiten ihren Lebensunterhalt mit Capoeira, geraten aber auf dem Arbeitsmarkt in Konkurrenz mit Sportlehrern oder fühlen, wie ihr Wissensmonopol über Capoeira durch Akademiker (Sozialwissenschaftler, Sport- und Erziehungswissenschaftler, Ärzte) in Frage gestellt wird.« (Assunção 1999: 6)

Diese Prozesse wurden durch die Erklärung von Capoeira zum nationalen Kulturerbe weiter verstärkt. Dass dabei das Spannungsverhältnis zwischen nationalstaatlicher Unterstützung, Aneignung, Festschreibung und Steuerung ambivalent bleibt, klingt auch bei Reed an, wenn sie schreibt:

> »As an embodiment of cultural heritage, the dancer becomes inscribed in nationalist histories (...), yet ambivalence about the dancers and their practices is often evident because the practices themselves often resist being fully incorporated into nationalist discourses.« (Reed 1998: 511)

Wie sich diese Entwicklung im Fall der Capoeira in Brasilien fortsetzt und welche komplexen Aushandlungsprozesse damit einher gehen, wird in den kommenden Jahren ein interessanter Forschungsgegenstand sein (vgl. auch 7.2).

3 Forschungsfeld

Nachdem im vorigen Kapitel die Geschichte der Capoeira als ganze skizziert wurde, will ich im Folgenden näher auf mein konkretes Forschungsfeld eingehen. Dazu skizziere ich zunächst etwas allgemeiner das Feld der Capoeira Angola in Deutschland, um anschließend den Alltag und die Zusammensetzung der Capoeira-Gruppe zu beschreiben, auf deren Analyse diese Arbeit basiert.

3.1 Capoeira Angola in Deutschland

In den USA ließen sich Anfang der 1980er Jahre die ersten brasilianischen Mestres nieder, und »in subsequent years capoeira practice virtually exploded« (Assunção 2005a: 190). Nach Europa kamen zwar schon Ende der 70er Jahre einzelne Capoeira-Mestres, jedoch dauerte es hier länger, bis sich die Capoeira etablieren konnte. Heute lassen sich in allen größeren Städten und allmählich auch in ländlicheren Gegenden Westeuropas Capoeira-Gruppen finden; in Osteuropa beginnt der Kampftanz ebenfalls Fuß zu fassen (vgl. ebd.: 193).

Wie in den USA breitete sich auch in Europa zunächst vor allem die Stilrichtung Capoeira Regional aus – zum einen über ältere Mestres, zum anderen über jüngere Lehrer, »who maintained close links to a senior capoeira figure in Brazil« (ebd.: 192). Nicht zuletzt verbreitete sich die Capoeira auch durch jüngere brasilianische Capoeiristas, die sich hierzulande selbst zum Mestre erklärten – eine Handlung, die viele Capoeiristas als schweren Verstoß gegen die Regeln und gegen die Tradition ansehen.[41] Dementsprechend führte dies zu einem »growing concern among qualified teachers and *mestres*, who insist[ed] on maintaining standards« (ebd.) und warf die Frage nach einer Institutionalisierung der Capoeira außerhalb Brasiliens auf. Dennoch gibt es bis heute keine einheitliche Dachorganisation, die alle Capoeira-Gruppen in Deutschland vereint.[42] Daher ist es auch schwierig, Angaben über die Zahl der Capoeira-Praktizierenden in

41 Auf dieses Phänomen bezieht sich das Capoeira-Sprichwort »Es ist noch kein Meister vom Himmel gefallen, aber schon in Deutschland aus dem Flugzeug gestiegen.«

42 Der Zusammenschluss von Capoeira-Gruppen erfolgt eher über ähnliche ›Schulen‹-Zugehörigkeit als nach nationalen Grenzen. So stellt z.B. die Internationale Föderation der Capoeira Angola (FICA, *Federação Internacional de Capoeira Angola*) eine der größten Capoeira-Angola-Organisation dar, der Gruppen in Brasilien, Europa, den USA und Asien angehören. In der Capoeira Regional bildet die Gruppe Abadá »maybe the largest capoeira group to date, counting (…) 25,000 [members] in 1998, spread over 25 Brazilian states and 16 countries in five continents« (ebd.: 194). Insgesamt existieren mehr Capoeira-Regional-Verbände, was zum einen an der größeren Zahl der Praktizierenden liegt, zum anderen aber auch an den Vorbehalten vieler Capoeira-Angola-Gruppen gegen formale Institutionen, da diese darin ein Kennzeichen für die ›Versportung‹ der Capoeira sehen (vgl. Fußnote 35).

Deutschland zu machen. Fichtl (2000: 34) zufolge gab es im Jahr 1999 zwischen 50 und 60 Gruppen. Diese Schätzung bezieht sich auf eine Liste der Internetseite CapoEuropa, auf der vor allem Capoeira-Regional-Gruppen aufgeführt sind. Anfang 2012 listete die Website www.capoeira.de rund 100 Gruppen in Deutschland auf (vgl. CPPA o.D.) – auch hier kann davon ausgegangen werden, dass diese Liste unvollständig ist.

Als Mestre Rogerio 1990 nach Deutschland kam, war er einer der ersten Capoeira-Angola-Meister hierzulande. Er beschreibt, dass zu jener Zeit Capoeira Angola in Deutschland vor allem in Wochenend-Workshops unterrichtet wurde, da es noch kaum etablierte Gruppen gab. Rogerios Schilderungen zufolge war dies nicht immer ganz einfach:

> »Das war eine Sache, mit der ich sehr zu kämpfen hatte.. zu zeigen, wie die Situation in Brasilien ist, nicht wahr, wie es dort funktioniert, der Respekt vor den Vorfahren (*ancestralidade*), der Respekt gegenüber dem Mestre, der unterrichtet, nicht wahr. Früher [Anfang der 90er, SL] wurden wir wie eine Art Fußballtrainer behandelt. Du hast die Meisterschaft verloren? Ciao. Verstehst du? Das heißt es war so, man wurde eingeladen, einen Workshop zu machen, man machte den zweiten, aber dann beim dritten wurde schon ein anderer gefragt, der gerade aus Brasilien angekommen war. Also ging der Typ hin, machte einen, zwei [Workshops], dann holten sie den nächsten, der gerade aus Brasilien gekommen war. Verstehst du? (…) Die Präsenz des Mestre gab es nicht.«

In jener Anfangszeit mussten die neu angekommenen Mestres also erst eine Capoeira-Struktur etablieren, Gruppen aufbauen und vermitteln, wie die Capoeira in Brasilien organisiert ist. Dabei kam es immer wieder zu Konflikten und Verständnisschwierigkeiten:

> »[Die Capoeira-Schüler/-innen in Deutschland sagten:] Was gut ist, ist die Capoeira, aber der Capoeira-Mestre nicht. Der Mestre macht uns nur Arbeit. Verstehst du? Die Capoeira ist gut. Aber der Mestre (…) wird hier nur Hierarchie und Autoritarismus reinbringen.«[43]

Wie ich in Kapitel 5.3 ausführen werde, ist das Thema der Hierarchie in Europa häufig konfliktbeladen. Rogerio zufolge lagen (und liegen) diese Schwierigkeiten auch daran, dass »die Leute, die [in Deutschland, SL] im Capoeira-Universum unterwegs sind, vor allem Alternative und Studenten sind – das ist genau

[43] Im Original: »O que é bom, é a capoeira, mas o mestre de capoeira não. Mestre de capoeira só dá trabalho para nós. Entendeu? A capoeira é boa. Mas o mestre (…) vai trazer o quê? A hierarquia, o autoritarismo.«

die Art von Menschen, die eine Antipathie gegen solche Situationen hat.«[44] Daher kam es oft zu Auseinandersetzungen der folgenden Art:

> »Nicht wahr, die Leute gehen gerne barfuß, es ist jetzt heiß. (…) Ich sagte, du kannst barfuß hierher kommen, du kannst sogar barfuß [in den Raum] eintreten, aber beim Capoeira-Training wirst du dir Schuhe anziehen. Danach kannst du sie ausziehen und kannst barfuß nach Hause gehen (…). Es ist dein Privatleben, wenn du barfuß laufen willst, ist das dein Problem. Aber in der Capoeira ist es auch mein Problem. Denn das ist eine Tradition von über hundert Jahren. (…) [Sagt der Schüler:] ›Steht Capoeira nicht für Freiheit, für eine Befreiungsbewegung?‹ [Sage ich:] ›Doch.‹ [Er:] ›Na also, und spielten die Schwarzen nicht barfuß?‹ Doch, es waren Sklaven, sie hatten keine Schuhe. Wenn sie Geld gehabt hätten, um Schuhe zu kaufen, garantiere ich dir, dass sie nicht barfuß gespielt hätten. Die Situation *heute* ist total anders – vor allem, weil ich in Deutschland bin. (…) Ich gebe keinen Bettlern oder Straßenkindern Unterricht, sondern alle sind Studenten. Der Typ kommt mit einem tollen Motorrad an, das wieviel tausend Euro gekostet hat? Kann er sich keine Schuhe für 20 Mark kaufen? (…) Aber nein, nur in der Capoeira muss er sich seine ›Selbstbefreiung‹ suchen, sein libertäres Moment ausleben.«

Diese Passage schildert sehr anschaulich, wie verschieden die Vorstellungen auf Seiten der brasilianischen Mestres und der deutschen Schüler/-innen oft waren (und zum Teil wohl auch heute noch sind). Auch für den Kontext der Capoeira in Frankreich beschreibt Ferreira das Motiv der »Freiheit« und des Widerstands als zentrales Thema und führt aus:

> »Die Vielseitigkeit der Capoeira im Prozess der ›Transnationalisierung‹ in Europa zeichnet sich dadurch aus, dass sie gleichzeitig einen ›alternativen‹ und ›innovativen‹ Charakter aufweist, verknüpft mit einer gewissen Dosis ›Rebellentum‹ und einer Idee von ›Freiheit‹. Wie Assunção (2005, S. 195) sagt, transportiert die Capoeira das Image einer gewissen ›coolen Einstellung‹ oder einen Lebensstil, der den Praktizierenden zufolge ›gegen das System‹ gerichtet ist. Auf der anderen Seite bewahrt sie und verstärkt sogar Forderungen nach dem ›Respekt der Traditionen‹, nach der Zugehörigkeit zu einem bestimmten ›kulturellen Erbe‹, nach ›Reinheit‹ und nach ›Authentizität‹.« (Ferreira 2009: 79f)

Ferreira beschreibt hier treffend das Spannungsfeld, in dem sich die Capoeira in Europa heute bewegt sowie einige zentrale Aspekte, die Teil ihrer Faszination ausmachen, um die es auch in der vorliegenden Arbeit geht. Die Popularität der

[44] Im Original: »As pessoas que circulam no universo da capoeira, é o alternativo, o estudante – é justamente o pessoal que tem antipatia a esse tipo de situação.«

Capoeira hierzulande lässt sich demnach ein Stück weit damit erklären, dass ihre ›Aura‹ des Widerstands – gerade in der alternativen Szene – ›gut ankommt‹, da sie ein »feeling of encompassing resistance against oppression, or ›the system‹« (Assunção 2005a: 195) transportiert. Assunção stellt daher fest:

> »Capoeira has thus become not only a global style, but also part of a globalized subculture of protest, to both of which the African diaspora has already made other substantial contributions through R&B, salsa, samba, soca, reggae and Rastafarianism. Together with other creole arts of the Black Atlantic, capoeira seems thus particularly able to provide the means and the language for an unconformist posture.« (ebd.)

Der Autor weist darauf hin, dass im Zuge dessen der Capoeira-Mestre zu einem brasilianischen ›Exportprodukt‹ wird: »He thus not only explains what capoeira is, but how Brazil is. In that process, capoeira is easily transformed into a commodity for people looking for an exotic kick« (ebd.: 194). Als weiteres Element dieser exotistischen Tendenzen beschreibt er, dass »[s]ince many instructors are of black or mixed ancestry, and usually have well-trained bodies, they easily fit into the cliché of the black super-male, and capoeira into the cliché of black corporality« (ebd.). Die Assoziation von Schwarzen mit Körperlichkeit und Sinnlichkeit ist ein zentrales Element europäischer Projektionen auf ›Afrika‹ (bzw. in diesem Fall auf Afro-Brasilianer) und ist Sieveking (2006: 51) zufolge Teil der »Diskurstradition des Primitivismus und des romantischen Ideals des ›Guten Wilden‹, die im Zeichen spätkapitalistischer Kulturkritik eine Natursehnsucht und den Traum von einem besseren, einfacheren Leben zum Ausdruck bringen.« Dabei bedient laut der Autorin

> »[d]ie gesellschaftliche Wahrnehmung und mediale Repräsentation afrikanischer Körperlichkeit (…) dieses Authentizitätsbedürfnis mit Stereotypen, die den ›schwarzen‹ Körper essentialisieren, auf rein physische Körperlichkeit reduzieren und soziale Aspekte völlig ausblenden.« (ebd.: 68)

Was Sieveking bezüglich Afrikanischem Tanz in Deutschland beschreibt – nämlich, dass »[d]as symbolische Potential des ›schwarzen Körpers‹ und der Mythos des ›Ursprünglichen‹ (…) Aspekte [sind], die afrikanischen Tanzkursen auf dem Markt der körperbezogenen Freizeit-Aktivitäten einen besonderen Wert verleihen« (ebd.) –, lässt sich also auch ein Stück weit auf Capoeira in Deutschland übertragen.

Doch kehren wir noch einmal zu Rogerios Schilderungen zurück. Ihm zufolge hat sich die Situation der Capoeira in Deutschland mittlerweile verändert, und es kommt deutlich weniger zu solchen Konfrontationen wie in der Anfangszeit:

> »Wer heute in eine Capoeira-Gruppe eintritt, [der sieht], es gibt den Mestre, es gibt zehn, zwanzig Personen die mitmachen, also fügt er sich darin ein oder er geht wieder. Verstehst du? Ich habe nicht mehr die Konfrontation mit ihm. Denn die Struktur ist schon da und zeigt ihm, wie die Sache funktioniert.«[45]

Die Ausgangssituation, aus der heraus neue Schüler/-innen in die Capoeira eintreten, sieht Rogerio dabei in Brasilien und Deutschland ähnlich:

> »Was sich verändert, ist nur die Sprache, nicht wahr. Das Gefühl auch, natürlich ist die Capoeira auch ein kulturelles Gefühl, aber wenn eine Person [in die Capoeira, SL] eintritt und für eine Weile dabei bleibt, wird sie auch außerhalb Brasiliens dieses kulturelle Gefühl entwickeln. Nicht wahr, er [ein neuer Schüler, SL] kam, weil er eine Nokia-Werbung im Fernsehen gesehen hat, daraufhin tauchen auf einmal ganz viele Leute auf, die Capoeira spielen wollen. (…) Von zehn, die anfangen, werden acht nicht weitermachen. Aber zwei werden weitermachen. Denn sie haben erkannt, dass es hinter dieser Werbung eine Geschichte gibt, ein Land, eine Kultur. Dann entdecken sie die Sprache.. und so geht es los.«

Da es für Rogerio also in der Capoeira nicht nur um das Erlernen der Bewegungen, sondern auch um die Geschichte und Kultur Brasiliens geht, sieht er sich in der Rolle eines »Kulturvermittlers« (*agente cultural*). Indem Capoeira in Deutschland in einem neuen Kontext stattfindet, ist diese Funktion des Mestre als Kulturvermittler oder »kultureller Übersetzer« (vgl. Klein 2009a: 27) noch zentraler als in Brasilien. Wie diese Kulturvermittlung vonstatten geht sowie auf welche Weise Capoeiristas in Deutschland die Praktik für sich interpretieren und in den hiesigen Kontext einordnen, ist auch Gegenstand der vorliegenden Arbeit. Daher soll im Folgenden die Gruppe vorgestellt werden, die Mestre Rogerio gegründet hat und um die es in dieser Arbeit geht.

3.2 Die *Associação de Capoeira Angola Dobrada* (ACAD)

Die *Associação de Capoeira Angola Dobrada* (ACAD[46]) wurde 1992 von M. Rogerio gegründet und umfasst heute Gruppen in Deutschland, Italien und Brasilien. Die beiden Gruppen in Italien werden hauptsächlich von M. Indio betreut, den auch die Mitglieder in Deutschland von ACAD-Treffen kennen; ich selbst habe ihn jedoch nicht kennen gelernt. Die zwei Gruppen in Brasilien werden

---

45 Im Original: »Hoje, quem entra num grupo de capoeira, tá lá o mestre, tem dez, vinte pessoas fazendo, ele se encaixa nisso ou ele sai fora. Entendeu? Eu não tenho mais a confrontação com ele. Porque a organização já tá lá, mostra para ele a coisa.«

46 Sprich: »Akadschi«.

von Contra-Mestres[47] geleitet; M. Indio und M. Rogerio kommen dort nur phasenweise vorbei. In Deutschland existieren sechs Gruppen, eine davon ist die Gruppe in Freifurt. M. Rogerio ist in der Regel einmal im Monat bei jeder Gruppe; in der restlichen Zeit werden die Gruppen von einem oder einer *Treinel*[48] geleitet. An festgelegten Wochenenden im Monat finden in den verschiedenen Städten Wochenendtrainings mit M. Rogerio statt, zu denen jeweils auch Mitglieder der anderen ACAD-Gruppen kommen können. Außerdem finden in unregelmäßigen Abständen Wochenend-Workshops statt, die auch für Nichtmitglieder offen sind. Dadurch trifft man sich regelmäßig und kennt sich untereinander, wie Charlotte beschreibt:

> »Selbst wenn man sich nur ganz selten sieht, man kennt sich und hat sich was zu erzählen, das ist wie 'ne ganz große Familie. Es herrscht immer 'ne total nette Stimmung bei den Workshops, das ist total harmonisch und man hat wirklich das Gefühl, man ist in einer Familie und gehört da hin.«

Die Freifurter ACAD-Gruppe hat ungefähr 15 Mitglieder, gut zwei Drittel davon sind Frauen. Das Altersspektrum liegt zwischen 25 und 45 Jahren, fast alle haben studiert oder studieren noch. Dazu befragt, was für Menschen in Deutschland Capoeira machen, schildert M. Rogerio:

> »Hier in Deutschland wird Capoeira vor allem von Studenten oder Alternativen praktiziert. ›Alternativ‹ sind für mich Leute, die als Freiberufler arbeiten, nicht wahr. Das kann ein Künstler sein, das kann ein Musiker sein, das kann ein Punker sein, etwas in diese Richtung, das meine ich mit ›alternativ‹. Und Studenten. Im hiesigen Capoeira-Universum, oder zumindest in meiner Gruppe, haben wir keine ›normalen‹ Leute, die arbeiten. (…) Es gibt schon Leute, die arbeiten, aber nicht in einfachen Berufen, nicht wahr, sie haben studiert, waren an der Universität. Aber keine Arbeiter, wie ich sie meine, also Bauarbeiter, Maurer, Schreiner, Busfahrer.. (…) Diese soziale Schicht ist noch nicht in die Capoeira hier in Deutschland integriert. Sie nimmt nicht an fremder Kultur teil, nicht wahr. Studenten hingegen reisen viel, gehen hierhin und dorthin, sind im Internet, all das. Daher sind sie universeller interessiert und offener.«

Ähnlich beschreiben einige der Interviewten die Mitgliederstruktur in Capoeira-Gruppen. So stellt Eva im Interview fest, dass es in der Capoeira Angola »hauptsächlich weiße deutsche Rastas« gebe und dass sie in Capoeira-Kreisen noch fast nie Menschen mit Migrationshintergrund getroffen habe. Auch »schwarze Deutsche hab' ich im Capoeira Angola noch gar keine getroffen, aber eben auch

[47] Zweithöchste Position in der Capoeira-Hierarchie.

[48] Position in der Capoeira-Hierarchie, die dazu berechtigt das Training anzuleiten.

keine anderen Kulturen, oder Deutsche, die 'nen anderen Hintergrund haben, und das ist schon interessant.« Als mögliche Gründe führt sie an:

> »Vielleicht hat das auch mit bestimmten rassistischen Strukturen zu tun, beziehungsweise überhaupt mit der Offenheit, der Möglichkeit.. also ich glaube halt, um darauf zu kommen, Capoeira Angola zu machen, (...) ist ein bestimmter Bildungshintergrund [nötig], interkulturell oder wie auch immer, der 'ne bestimmte Form von Offenheit dem gegenüber dann auch erzeugt. Und da gibt es ja immer noch bestimmte Strukturen, die dafür sorgen, dass dieser Bildungshintergrund bei *bestimmten* Leuten ist und eben nicht bei anderen.. Ich könnte mir vorstellen, dass es daran liegt.«

Zu diesen Schilderungen passt auch der Ort, an dem die Gruppe trainiert, ein Stadtteilzentrum in einem Viertel, das in den letzten Jahren grundlegende Veränderungen erfahren hat. Nachdem dort lange Zeit vor allem einkommensschwächere Personen lebten und das Viertel als ›links‹ galt – z.B. kam es ab den 1980er Jahren zu mehreren Hausbesetzungen –, erfolgte im vergangenen Jahrzehnt eine massive sogenannte ›Aufwertung‹. Im Zuge dessen entwickelte sich der Stadtteil zunehmend zu einem ›Szeneviertel‹, das aber nach wie vor geprägt ist von Auseinandersetzungen um die Gestaltung dieses Prozesses. Das dort befindliche Stadtteilzentrum wird von unterschiedlichen Gruppen für kulturelle und politische Veranstaltungen genutzt; außerdem gibt es verschiedene Angebote der Stadtteil- und Sozialberatung. Hier trifft sich die Freifurter ACAD-Gruppe zweimal in der Woche zum ca. zweistündigen Training, das in der Regel *Treinel** Bettina leitet. Während alle allmählich eintreffen, unterhält man sich über Alltägliches, bereitet die Instrumente vor und zieht sich um – es gibt keine ganz strenge Kleiderordnung, doch schwarze Hosen und weiße T-Shirts mit Gruppenlogo überwiegen.

Das Training beginnt in der Regel mit der *aula de ritmo,* dem Musikunterricht. Die *bateria,* das ›Capoeira-Orchester‹, besteht dabei aus folgenden Instrumenten: drei *berimbaus**, zwei *pandeiros**, einem *agogô**, einem *reco-reco** sowie einer *atabaque** (vgl. Glossar und Abb. 1 im Anhang).[49] Die *berimbau** stellt hierbei das wichtigste (und am schwierigsten zu spielende) Instrument dar, weshalb Bettina vor allem diesbezüglich Hilfestellungen gibt und geduldig verschie-

[49] Diese Instrumente – für die in der Regel auch eine feste Sitzordnung vorgegeben ist – sind in den meisten Capoeira-Angola-Gruppen üblich. Auch wenn dabei oft argumentiert wird, dies seien die ›traditionellen‹ Capoeira-Instrumente, weist Assunção (2005a: 161) darauf hin, dass diese Festlegung vielmehr auf M. Pastinha zurückgeht und dass »[t]he now formalized solution of three *berimbaus,* two *pandeiros,* one *agogô,* one *reco-reco* and one *atabaque* was probably not in place until the 1960s.« Auch Downey (2002: 494) schildert, dass im Verlauf des 20. Jahrhunderts »other instruments formerly used to accompany capoeira have fallen into disuse«, wie zum Beispiel die Gitarre.

dene *toques*[50] erklärt sowie Hinweise zum besseren Zusammenspiel gibt. Die *aula de ritmo* hat außerdem die Capoeira-Lieder zum Gegenstand, die man zur Musik der *bateria** singt. Da die Liedtexte durch ihre vielen Metaphern und Bilder sehr verschieden gedeutet werden können, geht es in der *aula de ritmo* immer wieder auch um die Übersetzung und Interpretation bestimmter Liedtexte – zwar haben viele Gruppenmitglieder grundlegende Portugiesischkenntnisse, aber dennoch erschließt sich der Sinn der Lieder oft nicht ganz leicht. Nach ca. 45 Minuten geht man zum eigentlichen Training über; die Musik kommt nun entweder vom Band oder eine Person begleitet das Training auf der *berimbau**. Dieses beginnt oft mit dem gezielten Üben bestimmter Figuren – Charlotte zufolge liegt dabei ein besonderer Fokus auf den »Basics, also *ginga, negativa, rabo de arraia*[51], die müssen sauber sein«. Auch Markus schildert, dass »sehr viel auf Details geachtet [wird], weniger auf spektakuläre Bewegungen.« Im Anschluss werden dann in Zweiergruppen bestimmte Bewegungsabfolgen trainiert und später im freien Spiel zur Anwendung gebracht. Manchmal wird auch mehr auf Ausdauer und Kondition hin trainiert oder man spielt ganz ohne feste Vorgaben miteinander. In der Regel endet das Training mit einer kleinen *roda*.

In den Interviews beschreiben viele ACAD-Mitglieder es als Besonderheit, dass die Gruppe »so gut wie gar nicht hierarchisch aufgebaut« (Nicole) sei (vgl. 5.3). Es herrsche eine »entspannte Stimmung, wenig verschultes Gehabe, wenig klassischer Unterricht« (Markus) vor, die Anwesenheit sei »nicht so streng geregelt, das basiert nicht auf Zwang, sondern auf der tollen Energie der Gruppe« (Markus). Als weitere Merkmale der Gruppe werden die »sehr detailgetreue, subtile Arbeit« (Eva) genannt sowie der große Wert, den Bettina und Rogerio der Musik beimessen.

Neben dem regelmäßigen Training finden einmal im Monat Trainingswochenenden mit Mestre Rogerio statt.[52] Diese Termine, an denen der »Chef« da ist – wie Bettina Rogerio manchmal leicht ironisch nennt –, sind immer ein besonderes Ereignis, da dann zwei Tage lang intensiv trainiert und Zeit miteinander verbracht wird. Nach dem Training geht man samstagabends gemeinsam essen, sitzt oft lange zusammen oder geht noch aus. Bisweilen tritt bei solchen Gelegenheiten Mestre Rogerio mit seiner Band *Saveiro Azul* auf, die ihre Musik als ›Brasil-Reggae‹ bezeichnet. Angesichts dessen, dass die meisten ACAD-Mitglieder wie oben ausgeführt der alternativen Szene angehören und bei den Treffen oft überdurchschnittlich viele Menschen mit Dreadlocks anzutreffen sind,

50 Rhythmusabfolgen.

51 Vgl. Abb. 3, 4 und 5 im Anhang.

52 Die Mitgliedschaft in der Gruppe kostet 40 Euro im Monat; für die Wochenend-Workshops bezahlen ACAD-Mitglieder 20 Euro, Nichtmitglieder 40 Euro. Diese Beträge habe selbstverständlich auch ich bezahlt.

passt sie damit ganz gut in dieses Universum. Nachdem samstags und sonntags den ganzen Tag trainiert wurde, gibt es sonntagnachmittags in der Regel eine öffentliche *roda.* Diese findet bei schönem Wetter bisweilen auch im Freien – z.B. in einem Park oder auf einem Platz – statt, wo sie oft das Interesse von Passant/-innen weckt, die eine Weile stehen bleiben und zuschauen. Diese Form der ›Intervention‹ im öffentlichen Raum schätzen manche Capoeiristas besonders; z.B. erklärt Tanja:

> »Wenn wir dann mal auf der Straße oder im Park Capoeira gemacht haben, dann ist das ja auch eine Sache, die einen irgendwie aufrüttelt und auch Leute, die das nicht kennen, sich dafür interessieren, sodass man damit schon irgendwie auch den Alltag so bisschen aufmischt in Deutschland.«

Auch Markus findet, dass man sich damit gewisse »Freiräume schaffen kann«: sich bei einer *roda* »unter dem Deckmantel von Capoeira einen Raum zu nehmen, ist in gewisser Weise ein politischer Akt, das hat was mit Aneignung zu tun.«

Ausgehend von dieser Skizze meines Feldes will ich nun erläutern, wie sich die Forschung dort gestaltete und mit welchen Methoden ich dabei arbeitete.

4 Methoden

Bevor ich meine Empirie ausführlich darstelle und theoretisch interpretiere, reflektiere ich in diesem Kapitel mein methodisches Vorgehen sowie meine Position als Feldforscherin, aus der heraus ich ich diese Empirie erhoben habe. Da jede Ethnographie »systematic intellectual or personal involvement with our subjects« mit sich bringt, ist es Thomas (1993: 46) zufolge fundamental zu reflektieren, »how this involvement affects our data gathering, analysis, and subsequent display of the data to an audience (...) so that we avoid either romanticizing or dismissing our subjects.« Indem wir den Einfluss unserer persönlichen Werte und Prinzipien auf die eigene Arbeit untersuchen, so Thomas, »we are demythologizing the knowledge-production process by challenging our own authority« (ebd.: 47). Ziel dieses Kapitels ist es somit einerseits zu zeigen, wie ich mein Material gesammelt habe und wie dies durch mich als Person geprägt ist, sowie andererseits zu erläutern, inwiefern ich trotzdem befugt bin, darüber zu sprechen. Damit schließe ich mich Sieber an, die diese Problematik folgendermaßen zusammenfasst:

> »Indem die Frage ›From where to speak?‹ (vgl. F. de Toro 1995a) bei jeder Aussage über ein kulturelles Objekt mitzubeantworten ist, wird diese zweite Dimension der Aussage – die Aussage ist gleichzeitig eine Aussage über ein Objekt und eine Aussage, die in einem bestimmten Kontext, von einem bestimmten Ort aus getroffen wird – nicht länger verschleiert und damit ihre Ambivalenz und Hybridität offengelegt. (...) [Eine solche Theorie, SL] gibt nicht mehr vor, a priori existierendes Wissen zu enthüllen, Wahrheiten zu entdecken, sondern macht bewußt, daß kein Wissen über ein Objekt unabhängig von einer Position und einer Perspektive generiert werden kann und anerkennt den argumentativen und performativen Charakter von Theorie.« (Sieber 2003: 211)

Wie oben beschrieben, habe ich im Jahr 2009 fünf Monate lang beim *Grupo de Capoeira Angola N'Golo* (GCAN) in Rio de Janeiro trainiert sowie Interviews mit acht Mitgliedern der Gruppe geführt. In Deutschland habe ich im Frühjahr 2010 eineinhalb Monate bei der Freifurter Gruppe der *Associação de Capoeira Angola Dobrada* (ACAD) mittrainiert und im Sommer 2010 an zwei Wochenend-Workshops der Gruppe teilgenommen. Bei einem dieser Workshops führte ich im August 2010 mit dem Mestre der ACAD sowie acht Mitgliedern Interviews. Mit den Methoden der teilnehmenden Beobachtung und des leitfadengestützten Interviews bediente ich mich der ›klassischen‹ ethnologischen Forschungsinstrumente, deren Reflexion deshalb die folgenden Abschnitte gewidmet sind.

4.1 Teilnehmende Beobachtung

Da mein Einstieg in die Capoeira-Welt bei der Gruppe in Rio de Janeiro erfolgte, sei hier zunächst kurz skizziert, wie sich dort meine teilnehmende Beobachtung gestaltete, da diese einige interessante Unterschiede zu der Feldforschung in Freifurt aufweist.

Meine Anfangszeit im GCAN gestaltete sich nicht ganz einfach: Den ersten Monat über tat ich mich sehr schwer damit, die Capoeira-Figuren zu lernen und fand das zwei- bis dreistündige Training körperlich extrem anstrengend. Außerdem verunsicherte mich meine Rolle als *gringa*[53], Anfängerin und einzige Frau, und ich empfand die Gruppe als nicht besonders leicht zugänglich. Dennoch wollte ich nicht sofort klein beigeben, und nach ungefähr zwei Monaten hatte ich dann allmählich doch Spaß am Training und fand einen besseren Zugang zu der Musik und den Bewegungen.

Parallel zu meiner Zeit beim GCAN besuchte ich an der Universität ein Seminar zu Feldforschungsmethoden bei Dr. Simone Pondé Vassallo, die über Capoeira in Frankreich und Brasilien forscht (vgl. 1.3). So entstand die Idee, eine Hausarbeit über Afrikabilder und den Afrikabezug in der Capoeira Angola zu schreiben, und aus meiner bloßen Teilnahme am Training des GCAN wurde ›teilnehmende Beobachtung‹ – eine Methode, die oft als Oxymoron beschrieben wird, da sich die Teilnahme an einer Aktivität und deren gleichzeitige Beobachtung im Grunde widersprechen oder zumindest entgegen stehen (vgl. O'Reilly 2005: 101ff). Dennoch gilt die teilnehmende Beobachtung als »focal research instrument« der Ethnologie, da gerade die Kombination aus »the ethnographer's own inquiring experience, in joint, emergent exploration with [the] *actors* or *insiders*« einen tieferen Einblick in die Lebensrealitäten der untersuchten Gruppe verspricht (Stewart 1998: 6, Hervorhebung i.O.).

Wie Hirschauer und Amann (1997: 20) unter Bezugnahme auf Clifford Geertz beschreiben, beginnt die teilnehmende Beobachtung mit der »scheinbar trivialen und ‚unmethodischen' Ausgangsfrage: ›What the hell is going on here?‹«. Dabei kam mir zugute, dass ich zuvor nichts mit Capoeira zu tun gehabt hatte und der Sache dadurch unvoreingenommen, aber mit einer gewissen Distanz, begegnen konnte. Um die verschiedenen Aspekte zu sammeln, die mir auffielen und interessant erschienen, begann ich recht bald, ein Feldtagebuch zu führen (vgl. dazu O'Reilly 2005: 98-101). Darin notierte ich mir nach jedem Training Informationen aus Gesprächen, wie die Stunde verlaufen war, was mir aufgefallen war u.ä.. Nachdem ich einige Zeit bei der Gruppe mittrainiert hatte, konnte ich die vielen Fragen, die sich mir stellten, dann in den Interviews thematisieren, die ich im Mai und Juni 2009 führte.

---

[53] Ausländerin, Touristin.

Zusammenfassend lassen sich hier die verschiedenen Aspekte finden, die O'Reilly für die Phase der teilnehmenden Beobachtung beschreibt: Mein »access« (ebd.: 85-91) zur Gruppe war nicht ganz einfach; der Faktor »time« (ebd.: 92-95) half jedoch dabei, dass zum einen die Gruppe mich besser kennen lernen konnte und zum anderen ich selbst mich darin wohler fühlte. Nicht zu vernachlässigen ist der Aspekt »language« (ebd.: 95): Die Tatsache, dass ich zum Zeitpunkt der teilnehmenden Beobachtung bereits sehr gut portugiesisch sprach, erleichterte diese auf jeden Fall erheblich.

Bei der ACAD-Gruppe – die ich durch eine Freundin kennenlernte, als ich im Frühling 2010 ein Praktikum in Freifurt machte – gestaltete sich die teilnehmende Beobachtung etwas anders als beim GCAN in Rio de Janeiro. Zum einen kannte ich die Capoeira-Welt bereits ein wenig besser und konnte daher vieles leichter einordnen – nicht zuletzt deshalb, weil die zwei Gruppen einen sehr ähnlichen Musik- und Spielstil haben, was damit zusammenhängt, dass beide Mestres Schüler von M. Moraes (vgl. 2.3.3) sind. Zum anderen fühlte ich mich auch deshalb sicherer, weil ich mich weniger als Außenseiterin empfand, als dies beim GCAN der Fall gewesen war: Zwar war ich nach wie vor Capoeira-Anfängerin, aber ich war weder Ausländerin noch die einzige Frau in der Gruppe. Vielmehr gehörte ich als Studentin aus dem alternativen Spektrum dem klassischen deutschen Capoeira-Publikum an, denn wie in Kapitel 3.2 beschrieben, sind die Mehrheit der ACAD-Mitglieder Studierende und Frauen.

Außer den eineinhalb Monaten im Frühjahr 2010, in denen ich bei der ACAD-Gruppe mittrainierte, nahm ich auch zweimal an Wochenend-Workshops teil und lernte dabei Mestre Rogerio kennen. Von den Mitgliedern der Freifurter Gruppe hatte ich schon einiges über den kleinen, drahtigen Mann mit den langen grauen Dreadlocks gehört. Seine entspannte Art, das Training mit einer Mischung aus deutschen und portugiesischen Erklärungen anzuleiten, übertrug sich auf die Atmosphäre der Workshops und ich konnte Roberts Äußerung über Rogerio nachvollziehen:

> »Er hat überhaupt kein Mestre-Faible. Es gibt ja Leute, die sich hinstellen und sagen: ›Ich bin der Mestre und ihr habt die Klappe zu halten, ich weiß wo's langgeht und ihr seid die bekloppptesten.‹ Das find' ich bei ihm sehr sehr angenehm, dass er das gar nicht hat.«

Dadurch wurde mir in Freifurt nochmals deutlich, wie sehr die Atmosphäre beim GCAN in Rio de Janeiro durch die starke Position des Mestre geprägt war. Gleichzeitig erinnerte ich mich an ein Gespräch mit Simone Pondé Vassallo in Rio de Janeiro, die selbst zehn Jahre in Paris gelebt und dort über Capoeira geforscht hat. Als ich ihr von meinem Unbehagen über das für mein Empfinden teilweise recht autoritäre Verhalten des GCAN-Mestre berichtete, lachte sie und erzählte, dass das auch in den von ihr untersuchten Gruppen in Frankreich immer ein Thema gewesen sei und dass »Europäer damit scheinbar ein Problem« hätten. Dementsprechend war dieser Aspekt auch in vielen meiner Interviews in Freifurt ein Thema (vgl. 5.3). Dass ich dieses »Problem« mit den ACAD-Mitgliedern gemeinsam hatte, ist eines von mehreren Beispielen dafür, dass meine Ansichten in vielem mit deren Einstellungen übereinstimmten.

Betrachtet man meine teilnehmende Beobachtung bei der ACAD unter den drei oben erwähnten Gesichtspunkten (access, time, language), zeigt sich, dass mir der Zugang zur Gruppe dadurch erleichtert wurde, dass eine Freundin mich zum Training mitnahm. Während viele ACAD-Mitglieder die Gruppe als relativ schwer zugänglich beschreiben, hatte ich durch diese Freundin – mit der ich auch viele interessante Gespräche über das Thema meiner Arbeit und Capoeira im allgemeinen führte – sicherlich einen einfacheren Einstieg; O'Reilly (ebd.: 91) bezeichnet solche Personen als »key informants«. Was die Dauer der teilnehmenden Beobachtung angeht, so verbrachte ich zwar mit eineinhalb Monaten deutlich weniger Zeit in der Freifurter Gruppe als beim GCAN. Da ich jedoch sowohl die Muttersprache als auch einen ähnlichen sozio-kulturellen Hintergrund mit den ACAD-Mitgliedern teilte, kam ich einfacher mit ihnen Kontakt und kannte auch so manchen Aspekt, der in der Capoeira-Welt zu finden ist, aus meinem eigenen Umfeld – umso spannender fand ich es daher, mich kritisch damit auseinander zu setzen.

Auch wenn ich mich also in verschiedenen Punkten mit den Mitgliedern der Gruppe identifizieren konnte und vieles mit ihnen teilte – nämlich »class, gender, race and education« (Okely 1996: 22) –, gelang es mir gleichzeitig, eine gewisse Distanz zu bewahren, ohne die es womöglich schwierig geworden wäre, mich dem Thema wissenschaftlich zu nähern. So stellte ich fest, dass mich die Capoeira nicht dermaßen packte und begeisterte, wie dies bei vielen Capoeira-Schüler/-innen der Fall ist und ich letztlich einfach nicht »total angefixt«[54] davon war. Insofern war die teilnehmende Beobachtung für mich auch in Freifurt durch die Erfahrung geprägt, »to join in and yet remain an outsider« (O'Reilly 2005: 97). Dieses Gefühl und die geschilderten Irritationen halfen mir jedoch gleichzeitig, Fragen an den Gegenstand zu stellen und mein Thema zu präzisieren – auch aus diesem Grund gebe ich diesen Erfahrungen hier soviel Raum.

---

54 Dieses Gefühl beschreibt Bettina als eine der Bedingungen dafür, dass man der Capoeira soviel Raum im Leben gibt, wie dies notwendig sei, wenn man sich ernsthaft dafür entscheide: »Also meine Theorie ist ja immer, dass man, wenn man anfängt Capoeira Angola zu trainieren, ziemlich schnell merkt, dass es viel Raum nimmt im Leben. Und dass es auch nur dann Sinn macht, überhaupt zu versuchen das zu lernen, wenn es diesen Raum nimmt, so. (…) Also, entweder du machst dann weiter und lässt diesen Raum zu, oder du lässt es bleiben.«

Da ich seit meiner Rückkehr aus Brasilien nicht regelmäßig Capoeira trainiert hatte, waren das Training und die Workshops für mich körperlich meist recht anstrengend, und ich fühlte mich zum Teil an meine Zeit als blutige Anfängerin erinnert. Ich merkte, dass ich wohl nicht als ›Capoeira-Talent‹ geboren bin und nicht genügend Begeisterung an den Tag legen würde, um so in die Capoeira einzusteigen, wie dies Rogerio schildert:

> »Für jemanden, der noch gar kein Capoeira kann, ist das ein Prozess von mindestens drei Jahren. (...) Wenn es einem gefällt, muss man es weitermachen, soviel machen wie man kann, denn die Capoeira beginnt dich zu vereinnahmen.« (Peixoto 2003: 52)[55]

Insofern sah ich das ganze durchaus mehr als teilnehmende Beobachtung denn als Freizeitbeschäftigung. Dennoch fühlte ich mich in der Gruppe wohl und wurde freundlich aufgenommen.

Ursprünglich hatte ich ein wenig Scheu davor gehabt, von meinem Vorhaben zu erzählen, meine Magisterarbeit über Capoeira Angola in Deutschland zu schreiben und dafür meine Beobachtungen bei der Gruppe nutzen zu wollen, da ich befürchtete, die Capoeiristas könnten sich unwohl damit fühlen, ›beobachtet‹ zu werden und Gegenstand meiner Arbeit zu sein. Bald merkte ich jedoch, dass viele dem sehr offen gegenüber standen und sich für das Thema interessierten – nicht zuletzt deshalb, weil nicht wenige von ihnen selbst kulturwissenschaftliche Fächer studierten (vgl. dazu auch Sieveking 2006: 22f). Das war einerseits angenehm, da ich manche meiner Ideen mit den ACAD-Mitgliedern besprechen konnte und sie mir bereitwillig Interviews gaben. Andererseits bereitete mir das große Interesse bisweilen auch die Sorge, was die Capoeiristas wohl von meiner Arbeit halten würden, wenn sie einmal fertig wäre (vgl. 4.3). Grundsätzlich empfand ich die Nähe zwischen ›Forscherin‹ und ›Erforschten‹ jedoch als durchaus positiv und erstrebenswert.

4.2 Interviews

Neben der teilnehmenden Beobachtung – in deren Rahmen ich selbstverständlich auch viele informelle Gespräche führte – habe ich insgesamt 16 Interviews geführt, davon sieben in Rio de Janeiro und neun in Freifurt (vgl. die Liste im Anhang). Die Interviews mit den Mitgliedern des GCAN fanden zum Großteil bei mir zu Hause statt, da ich in dem Gebäude wohnte, in dem die Gruppe trainierte. Für die Interviews in Freifurt verabredete ich mich mit den ACAD-Mitgliedern entweder in deren Wohnung oder traf sie in einem Café. Zwei der Inter-

55 Im Original: »Para quem não sabe nada, é um processo de... no mínimo três anos. (...) Se gosta, tem que continuar a fazer, e fazer o máximo que puder, porque a capoeira começa a cobrar de você.«

views mussten allerdings auch per Skype geführt werden, da es zeitlich nicht klappte, vor Ort einen Termin zu vereinbaren.

Was die Auswahl der Interviewpartner/-innen anging, bot sich angesichts der geringen Gruppengröße keine strenge Methode im Sinne eines »theoretical sampling« o.ä. an (vgl. dazu Wohlrab-Sahr/Przyborski 2008: 177f). Vielmehr stellte sich sowohl beim GCAN als auch bei der ACAD ein großer Teil der Gruppenmitglieder für Interviews zur Verfügung, sodass jeweils eine recht große Bandbreite in den Interviews vertreten war.

Bei den Gesprächen entschied ich mich für die Form des offenen leitfadengestützten Interviews, da dieses den Interviewten die Gelegenheit gibt, »to delve into their thoughts, to express their contradictory opinions, their doubts, their fears, their hopes and so on« (O'Reilly 2005: 116f). So hatte ich die Möglichkeit, »to learn about people from their own perspective, to get an insider's view«, denn – wie O'Reilly hinzufügt – »this cannot be done by imposing one's own line of questioning on people« (ebd.: 117). Somit gab es zwar verschiedene thematische Blöcke, die ich im Interview jeweils anzusprechen plante, jedoch machte ich meinen Gesprächspartner/-innen stets deutlich, dass es nicht um eine bloße ›Abfrage‹ dieser Punkte ging. Vielmehr richtete ich mich bei der Reihenfolge der Themenbereiche danach, was die Interviewten ansprachen und ermutigte sie, auch von sich aus Aspekte einzubringen und ausführlich zu erzählen, was ihnen wichtig erschien. Vom Ablauf her orientierten sich die Gespräche daran, »sich vom Allgemeinen zum Spezifischen [zu] bewegen und bei der Perspektive des Interviewten [ihren] Ausgangspunkt« zu nehmen (Wohlrab-Sahr/Przyborski 2008: 140). Entsprechend dem von Wohlrab-Sahr und Przyborski geforderten Kriterium der Offenheit stellte ich daher zu Beginn eine Einleitungsfrage, die »den Interviewpartner in die Lage versetzt[e], den zur Diskussion stehenden Sachverhalt aus seiner Sicht zu umreißen« (ebd.). Ausgehend davon konnte ich dann genauere Nachfragen anschließen und geriet dadurch »nicht so leicht in Gefahr, einen starren Leitfaden an den Relevanzstrukturen des Interviewten vorbei ›abzuarbeiten‹« (ebd.: 141). Der Leitfaden diente mir also als ein flexibles Instrument, mit dessen Hilfe ich versuchte, »beim Gegenüber tatsächlich eine relativ freie, selbstläufige Darstellung in Gang zu setzen« (ebd.: 142).

Dies erschien mir auch deshalb besonders wichtig, da in vielen der Interviews das Thema auftauchte, dass man »die Essenz [der Capoeira, SL] nicht in Worte fassen« könne (Eva) und dass man in den Interviews lediglich »versucht, was unaussprechliches zu umschreiben« (Ariane). Gleichzeitig scheint diese Eigenschaft für die Capoeiristas einen »Teil des Reichtums« der Capoeira auszumachen, wie dies Bettina schildert:

> »…also, als wenn alles unbedingt abschließend in Worte fassbar sein müsste.. (…) Das ist ja so bisschen 'ne hiesige Sucht, dass alles immer in Worten umschreibbar sein müsste und so. (…) Wie soll ich was [leicht verständlich] aufklären, was ich in zehn Jahren nicht erfassen kann, wenn ich mich damit auseinandersetze..«

Äußerungen wie die von Eva – »Die Gefühle, die ich dazu habe, was es mit mir macht, warum es das mit mir macht, ich finde das ganz schwer zu verbalisieren, ich habe da gar keine Kategorien für« – ließen in mir Zweifel aufkommen, ob es überhaupt möglich wäre, diese Erfahrungen in einer wissenschaftlichen Arbeit zu erfassen. Für meine Interviews bedeutete dies, dass ich versuchte, »so 'rum ranzugehen: was macht das mit einem, was wird da irgendwie angeschlagen, was spricht einen daran an« (Ariane) und so zumindest Umschreibungen dieses ›Unaussprechlichen‹ einzufangen. Gleichzeitig kann die Tatsache, dass die Capoeiristas so stark betonen, die Capoeira-Erfahrung sei im wahrsten Sinn des Wortes ›unbeschreiblich‹, als Teil des ›Capoeira-Narrativs‹ interpretiert werden, wie dies Klein in Bezug auf Tango macht:

> »Das Tanzen als Bewegungsvollzug ist demnach nicht, wie gemeinhin unterstellt, wegen seiner Körperbezogenheit grundsätzlich als etwas Anderes, Unübersetzbares zu beschreiben. Vielmehr ist gerade das Reden über das ‚Nicht-Sprechbare' der tänzerischen Erfahrung und die Thematisierung des Verfehlens ein wesentlicher Teil des Narrativs Tango.« (Klein 2009a: 33)

Dieses »Reden über das Nicht-Sprechbare« macht folglich einen zentralen Aspekt der ›Identität‹ der Capoeira Angola aus, wobei »über diese binäre Setzung von Tanzen und Sprechen das Tanzen als authentische Erfahrung essentialisiert [wird]« (ebd.). Ein weiteres Element dieses Narrativs bildet der Topos, Capoeira sei eine »orale Kultur«, die traditionell ›von Mensch zu Mensch‹ weiter gegeben worden sei und die deshalb niemals lediglich aus einem Buch erlernt werden könne. Dies betont auch Rogerio, wobei er jedoch gleichzeitig die Möglichkeiten und Vorteile einer Verschriftlichung hervorhebt:

> »Capoeira ist eine orale Kultur, deshalb wird sie mündlich im Training etc. weitergegeben. (…) Aber ich glaube, dass die Oralität und das Geschriebene parallel bestehen können, ich halte es für wichtig, die Dinge zu katalogisieren. Das sind zuverlässige Informationen, weißt du? (…) Ich habe zum Beispiel Schwierigkeiten damit, Dinge zu Papier zu bringen. Jemand anderem fällt es leicht, das, worüber wir uns hier unterhalten haben, auszuarbeiten und akademischer zu formulieren, sodass eine andere Person, die nicht Capoeira spielt, die es nicht einmal gesehen hat, wenigstens eine bessere Vorstellung von dieser Sache hat, wenn sie es liest.«

Diesem Schritt – der Interpretation und Verschriftlichung meiner Daten – ist der folgende Abschnitt gewidmet.

4.3 Interpretation und Schreibprozess

Nachdem ich also über mehrere Monate hinweg große Mengen an Material gesammelt hatte, galt es, dieses zu analysieren, zu strukturieren und zu verschriftlichen – ein Vorgang, den Thomas beschreibt als »the *defamiliarization* process in which we revise what we have seen and translate it into something new« (Thomas 1993: 43, Hervorhebung i.O.). Da in der Ethnologie »das Schreiben als Methode aufgefasst wird« (Wohlrab-Sahr/Przyborski 2008: 352), kommt dabei der Autorin eine zentrale Rolle und Autorität zu. Diese Tatsache führte in den 1980er Jahren zur »Krise der ethnographischen Repräsentation« (Berg/Fuchs 1993) und der sogenannten Writing-Culture-Debatte. Auch wenn diese die Ethnologie weiterhin beschäftigt, kann als eines ihrer zentralen Ergebnisse festgehalten werden, dass der »Reflexion der Erzählperspektive« (Wohlrab-Sahr/Przyborski 2008: 352) mehr Bedeutung zugemessen werden muss – eine Erkenntnis, der ich in diesem Kapitel versuche Rechnung zu tragen.

Was die Analyse meines Materials angeht, ließ ich mich zwar von einigen Texten über Grounded Theory inspirieren, da eine Reihe von Autor/-innen eine Nähe zwischen dieser Methode und der ethnographischen Analyse sehen (vgl. z.B. Stewart 1998: 8ff; O'Reilly 2005: 200ff). Letztlich schienen mir die genau strukturierten Analyseschritte der Grounded Theory (vgl. dazu Wohlrab-Sahr/Przyborski 2008: 193-217) jedoch als zu umfangreich und für mein Material nicht allzu gut geeignet. Vielmehr erschien mir ein Vorgehen angemessener, das O'Reilly (2005: 177) als »iterative-inductive« beschreibt und das sich dadurch auszeichnet, dass »[d]ata collection, analysis and writing up (and of course the role of research design and theory) are much more inextricably linked«, als dies bei vielen anderen sozialwissenschaftlichen Ansätzen der Fall ist. Dementsprechend bildet dabei auch die Analyse nicht »a separate stage that can start after data collection has finished« (ebd.: 203), sondern sie überschneidet sich mit den anderen Etappen der Forschung. Die Analyse, bestehend aus dem »summarising, sorting, translating and organising« (ebd.: 184) des Materials, begann also bereits während der teilnehmenden Beobachtung und setzte sich bis in den eigentlichen Schreibprozess hinein fort. O'Reilly (ebd.: 177) vergleicht dieses Vorgehen mit einer Spirale, »where you are moving forward from idea to theory to design to data collection to findings, analysis and back to theory, but where each two steps forward may involve one or two steps back.« Entsprechend zeichnete sich auch meine Untersuchung durch fließende Übergänge zwischen teilnehmender Beobachtung, Analyse, Reflexion und Interpretation aus.

Die getrennte Darstellung der verschiedenen Schritte in der vorliegenden Arbeit erfolgt somit primär zu analytischen Zwecken und drückt keine streng voneinander abgegrenzten Abschnitte aus. Vielmehr lösten diese sich immer wieder gegenseitig ab und überlagerten sich teilweise, wodurch sich meine Fragestellung und theoretischen Überlegungen über die Zeit weiterentwickelten.

Die vorliegende Arbeit stellt das Ergebnis dieses Prozesses dar, bei dem der Verschriftlichung als »selektive[m] Akt des Zur-Sprache-Bringens von Erfahrung« (Hirschauer/Amann 1997: 30) eine zentrale Rolle zukam. Hirschauer und Amann beschreiben diesen als »adressatenbezogene Vermittlungsarbeit« mit dem Ziel, »dicht an naiv Erlebtem entlang zu formulieren, mit einem Begriff einen Eindruck wirklich zu ‚treffen', genau so viele Details zu verdichten, daß eine Beschreibung weder paraphrastisch leer noch interpretativ überzogen ist« (ebd.: 34f), um so den Leser/-innen die »Möglichkeit des sekundären Mitvollzugs einer Erfahrung und einer Praxis« (ebd.: 35) zu geben.

Dabei stand ich vor zwei miteinander zusammenhängenden Schwierigkeiten: Zum einen musste ich eine Praktik in (wissenschaftliche) Worte fassen, von der die Praktizierenden beschreiben, dass ihre »Essenz« sich nicht in Worte fassen lasse (vgl. 4.2). Insofern konnte ich mir trotz der Fülle an Interviewmaterial nicht sicher sein, ob ich tatsächlich den ›Kern‹ der Sache traf. Zum anderen bereitete mir die Tatsache, dass viele der ACAD-Mitglieder meine Arbeit lesen würden, die Sorge, dass diese sich in der Arbeit nicht wiederfinden könnten – wie beschrieben studieren viele von ihnen selbst kulturwissenschaftliche Fächer und zeigten großes Interesse daran, meine Arbeit zu lesen, wenn sie einmal fertig sein würde. So beschreibt auch Okely:

> »When publication is in the same country as fieldwork, the anthropologist cannot escape being read or misread by a wide range of interested parties beyond the usual academic constituency. The text will therefore bear the marks of such future scrutiny.« (Okely 1996: 26)

Dies ist kein ›klassisches‹ Problem der Ethnologie, da diese sich traditionell vor allem mit Gruppen und Phänomenen in großer räumlicher, sozialer und sprachlicher Entfernung beschäftigt(e) und jene deshalb häufig nichts oder nur wenig von der Arbeit zu Gesicht bekommen, die auf Grundlage des dort erhobenen Materials verfasst wird. Heute hingegen, stellt Clifford Geertz fest, hat sich

> »[e]ine der Hauptannahmen, auf denen das Schreiben anthropologischer Texte noch bis gestern ruhte – daß nämlich seine Untersuchungsobjekte und sein Publikum nicht nur trennbar wären, sondern auch moralisch nicht zusammenhingen, daß man die ersteren zu beschreiben, aber nicht anzureden, die letzteren zu informieren, aber nicht einzubeziehen hätte –, (...) ziemlich vollständig aufgelöst. Die Welt hat immer noch ihre Abteile, aber

> die Übergänge zwischen ihnen sind viel zahlreicher und viel weniger gut gesichert.« (Geertz 1990: 129)

Okely bewertet diese Entwicklung jedoch durchaus positiv:

> »This development is to be welcomed, for the anthropologist cannot avoid the political consequences of his or her research. (…) Any latent tendency to treat people as objects or distant curious has to be confronted, not left repressed in a secret diary. (…) The fieldworker at home cannot split identities between countries.« (Okely 1996: 26)

So wurde auch mir beim Schreiben meiner Arbeit deutlich, wie wichtig und erstrebenswert es ist, eine Arbeit so zu verfassen, dass die Untersuchten sich darin wiederfinden oder zumindest die Chance bekommen, sie zu lesen – zum einen, um den Beforschten darüber Rechnung abzulegen, was man mit ihren Aussagen und den Beobachtungen in ihrem Umfeld erarbeitet hat; zum anderen, um sich zumindest ein Stück weit erkenntlich zu zeigen – schließlich profitiert die Ethnologin deutlich mehr von der Untersuchung als die Untersuchten.

So wichtig dieser Gedanke der Reziprozität ist, so sehr wurde mir gleichzeitig bei einem Workshop von Paul Mecheril zum Thema »Interpretation als Ko-Konstruktion« auf dem Berliner Methodentreffen 2010[56] klar, dass es bezüglich des Inhalts von akademischen Texten primär darum geht, dass diese einen für die ›scientific community‹ »anschauliche[n] und begrifflich anregende[n]« Interpretationsvorschlag enthalten (Mecheril 2003: 48). Mecheril argumentiert, dass die Interpretationen, die Wissenschaftler/-innen anhand von Interviewtranskripten – die selbst als Konstruktionen angesehen werden können, die die Interviewten von sich präsentieren – entwickeln, eine »Ko-Konstruktion« darstellen:

> »Im Interpretationstext sind (…) einzelne Aspekte zu einem Gesamtzusammenhang verdichtet und ausgeweitet; anders formuliert: Der Modellierungstext erzählt eine Geschichte.« (ebd.: 42, Hervorhebung i.O.)

Diese ›Geschichten‹ präsentieren »sozialwissenschaftliche Lesarten, die [das Interviewtranskript] einleuchtend, verständlich und begreiflich machen – zunächst für ein akademisches Publikum, dann aber auch für die Untersuchten selbst« (ebd.: 51). Bei der Beurteilung sozialwissenschaftlicher Interpretationen geht es also Mecheril zufolge »vorrangig nicht (mehr) um ›Richtigkeit‹, sondern um ›Angemessenheit‹« (ebd.: 50). Er macht deutlich, dass

> »[k]ein sozialwissenschaftlicher Text (…) beanspruchen [kann], legitime Vertretung des Beschriebenen zu sein, weil jeder sozialwissenschaftliche Text allein die sozialwissenschaftliche Weise des Schauens und Artikulie-

56 Vgl. Homepage (www.qualitative-forschung.de/methodentreffen/).

> rens vertritt, nie aber das Gesehene und Beschriebene. Die wissenschaftliche Repräsentation ereignet sich immer als ein Sprechen-Über.« (ebd.: 33)

Dieser Tatsache entkommt man nicht; es kann also lediglich darum gehen zu versuchen, »die Gebundenheit der wissenschaftlichen Produktion an ihre Produktionsbedingungen als epistemische Differenz zwischen Interpretationstext und seinen alltagsweltlichen Bezügen reflexiv in die Analyse mit einzubeziehen« (ebd.). Das Ziel eines solch reflektierten Umgangs mit dem Vorgang der Repräsentation besteht in »eine[r] Weise des Sprechen-Über, die die Standortgebundenheit des In-den-Blick-Nehmens nicht verwischt« (ebd.).

Darauf aufbauend und im Wissen um diese »Standortgebundenheit« möchte ich mich nun der Darstellung und Interpretation meines empirischen Materials zuwenden.

5 Zwischen Ritual, Widerstandsinstrument und individueller Selbstentfaltung – Vielschichtige Bedeutungsebenen der Capoeira Angola

Nachdem ich nun den Forschungsstand, die Geschichte der Capoeira sowie mein Feld und mein methodisches Vorgehen darin erläutert habe, dient das folgende Kapitel der Darstellung und Interpretation meines empirischen Materials. Dazu gehe ich der Frage »Warum machen die das?« nach (vgl. 0.2) und versuche, die sinnlich-konkrete Dimension nachzuzeichnen, die die Capoeira Angola für meine Gesprächspartner/-innen hat. Es wird darum gehen, ein Verständnis dafür zu entwickeln, welche Aspekte der Capoeira Angola für die ACAD-Mitglieder zentral sind sowie nachzuvollziehen, was sie für sich aus dieser Aktivität ziehen.

Als Ausgangspunkt dient die Interpretation der *roda* als Ritual, die für viele Capoeira-Spieler/-innen zentral ist. Darauf aufbauend lassen sich die vielschichtigen Bedeutungsebenen erschließen, die in den Darstellungen der Capoeiristas zum Tragen kommen. Dabei lassen sich immer wieder Verbindungen zum rituellen Charakter der Capoeira herstellen. So erklären manche ACAD-Mitglieder die Hierarchien in der Capoeira damit, dass es sich dabei um ein spirituelles Ereignis handle oder begründen damit, dass die Capoeira so ›umfassend‹ und ganzheitlich sei.

Auch stoßen wir immer wieder auf das Thema der Authentizität. Dabei zeigt sich, dass die Angoleiros sich nicht ungebrochen auf die Geschichte und ›Tradition‹ der Capoeira beziehen. Vielmehr interpretieren sie die Praktik vor ihrem eigenen persönlichen Hintergrund, wobei insbesondere dem Topos der individuellen Selbstentfaltung und persönlichen Entwicklung eine wichtige Rolle zukommt.

5.1 Die *roda* als Ritual – »Das ist sowas ganz fragiles, das nur im Fluss ist und rund ist, wenn wirklich jeder mit seinem Geist auch dabei ist.«

Als ich eines Tages einer Bekannten von meiner Magisterarbeit erzähle und ihr zur Illustration ein Capoeira-Video auf Youtube zeige, ist ihr erster Kommentar: »Das hat ja fast was ritualhaftes.« Die gleichförmige Musik, der Chorgesang, das Spielen im Kreis usw. wecken bei Außenstehenden häufig diese Assoziation. Doch auch in Capoeira-Angola-Kreisen sind die Interpretation der *roda* als Ritual und die Betonung des spirituellen Aspekts der Capoeira Angola sehr verbreitet.

Die Ritualhaftigkeit der *roda* lässt sich an verschiedenen Aspekten illustrieren. Ein zentrales Element sind die durchgängige Musikbegleitung sowie die dazu gesungenen Lieder, die die Capoeira von anderen Kampfsportarten unterscheiden und den Ritualcharakter der *roda* unterstreichen. Manche Capoeiristas bekräftigen diesen außerdem für sich, indem sie sich vor Beginn eines Spiels bekreuzigen, andere berühren die *gunga*[57] oder die *atabaque**, um sich Schutz für das Spiel zu holen.

Darüber hinaus zeichnet sich die *roda* durch einen relativ festgelegten Ablauf und eine Reihe von Regeln aus, die sich Außenstehenden nicht immer einfach erschließen. Dazu gehört u.a., dass die *roda* vom *gunga**-Spieler mit einem bestimmten Rhythmus eingeleitet wird, dass die beiden ersten Spieler/-innen nicht anfangen dürfen zu spielen, bevor der *corrido* – das eigentliche Lied – begonnen hat und dass sie solange spielen, bis der *gunga*-Spieler wiederum einen festgelegten Klang spielt. Im Spiel zwischen den beiden Capoeiristas kommen je nach Gruppe verschiedene Regeln zum Tragen, die von deren Können, hierarchischer Position, Gruppenzugehörigkeit (z.B. zu einer befreundeten oder eher ›verfeindeten‹ Gruppe) etc. abhängen – so kann es beispielsweise als respektlos angesehen werden, wenn ein/e Schüler/in einem Mestre eine *rasteira** gibt und damit versucht, diesen zu Fall zu bringen. Von den im Kreis Sitzenden wird erwartet, dass sie den Sitzkreis geschlossen halten, im Chor mitsingen und nebenbei keine Gespräche führen, sodass die Atmosphäre ›dicht‹ und konzentriert bleibt. Diese Aufzählung ist nicht vollständig; sie soll lediglich andeuten, wovon es abhängt, dass eine *roda* als gelungen angesehen wird. Verstößt jemand willentlich gegen diese ›ungeschriebene Gesetze‹, wird dies als respektlos empfunden und hat zur Folge, dass die *roda* »unaufhaltsam auseinanderfällt, das ganze Ding wird gesprengt, sowas fängt eine *roda* nur ganz selten auf« (Ariane). Insofern ist es für das Gelingen einer *roda* von zentraler Bedeutung, dass alle Beteiligten konzentriert bei der Sache sind, »weil das sowas ganz fragiles ist, was da passiert, das nur irgendwie im Fluss ist und rund ist, wenn wirklich jeder mit seinem Geist auch dabei ist« (Ariane).

Diese ›dichte‹ Atmosphäre beschreiben Capoeiristas oft mit dem Begriff der »Energie«: eine *roda* gilt dann als gelungen, wenn ein guter »Energieaustausch« (Eva) zwischen den Spieler/-innen stattfindet und wenn eine konzentrierte Atmosphäre herrscht, bei der die Energie ›fließt‹. Eine solche *roda* hat »axé« – ein Begriff, der aus dem Candomblé* stammt und ungefähr als »positive Energie« übersetzt werden kann.[58] Barbosa schildert diesbezüglich:

---

57 Die größte der drei *berimbaus** mit dem tiefsten Klang.

58 Für eine ausführliche Darstellung dieses Konzepts (manchmal auch geschrieben als *ashe, ashê* o.ä.) vgl. z.B. Desch-Obi (1992: 93-95).

»Im Ritual der Capoeira wird die *roda* zu einem Ort der Übertragung von *axé* – der vitalen, spirituellen und emotionalen Energie, oder dem dynamischen Prinzip –, die über die Instrumente, Gesänge, das Klatschen und die Bewegung der Körper zirkuliert und fließt. Die Spieler berichten, dass sie sich auf dem Gipfel der spielerischen Spannung durch den hohen Grad an Konzentration in einer Art von beinahe religiöser Trance fühlen und dass der Zustand von Ekstase, der in Capoeira-*rodas* existiert, der Interaktion zwischen den Teilnehmern entspringt.« (Barbosa 2005: 94)

Ein solches Spiel, in dem eine gute Kommunikation zwischen den Spieler/-innen stattfindet und diese zusammen anstatt gegeneinander spielen, wird als »schönes Spiel« (*jogo bonito*) bezeichnet. Barbosa (ebd.: 84) beschreibt dies als ein Spiel, »in dem eine partnerschaftliche Interaktion und ein Dialog zwischen den verschiedenen Facetten des Spiels existiert« und bei dem die *roda* nicht »lediglich dazu genutzt wird, die körperliche Geschicklichkeit und Überlegenheit eines Spielers über den anderen zu demonstrieren.«

Diesen Aspekt sehen viele Angoleiros in der Capoeira Regional nicht verwirklicht und nennen dies als einen der Gründe, weshalb in der Capoeira Angola der Ritualcharakter der *roda* mehr zum Tragen komme. Die Betonung spiritueller und ritualhafter Elemente sehen sie als besondere Qualität der Capoeira Angola im Vergleich zur Capoeira Regional an. Wie Petridou dies bezüglich eines als besonders ›authentisch‹ geltenden Tango-Stils schreibt, wird hierbei auch die Capoeira Angola

»associated with the experience of emotion, a sense of collectiveness and sacredness, and a process of transcendence. (…) In this setting, hierarchy, rituals, codes, respect for others and respect for tradition are of particular importance. Dancing styles, music and behaviour that go against certain understandings of tradition and authenticity are perceived as showing lack of respect and hindering the experience of transcendence. They are considered inappropriate, profane, polluting.« (Petridou 2009: 63)

Hier klingen die zentralen Aspekte an, auf die wir im Lauf dieses Kapitels stoßen werden. So macht für viele Capoeiristas das Gefühl des ›Kopf abschaltens‹ und das intensive Erleben des eigenen Körpers – bisweilen als »flow« oder sogar als tranceähnlich beschrieben – einen zentralen Aspekt der *roda* aus (5.2). Während dies zwar als ein sehr individuelles Erlebnis geschildert wird, hängt die erfolgreiche Gestaltung der *roda* als Ritual auch davon ab, dass alle Beteiligten ›bei der Sache sind‹, womit diese gleichzeitig zu einem kollektiven Ereignis wird. Capoeira stellt also für viele Angoleiros ein spirituelles Ereignis dar, womit manche auch die Hierarchien begründen, die die Capoeira-Welt prägen, denen jedoch gleichzeitig viele Praktizierende ambivalent gegenüber stehen (5.3). Indem die Capoeiristas die Praktik als sehr umfassend empfinden, sehen sie in ihr ein ›Lebensgefühl‹ (5.4) und eine Möglichkeit zur persönlichen Entwicklung (5.5). Im Hintergrund spielt dabei stets der Bezug auf die Tradition und Geschichte der Capoeira eine wichtige Rolle, wobei der Betonung der afrikanischen Wurzeln des Kampftanzes eine besondere Rolle zukommt (5.6). Während die Angoleiros also ihre Stilrichtung als ritualhafter, traditioneller und ›afrikanischer‹ empfinden, geht die Capoeira Regional hingegen in ihren Augen »against certain understandings of tradition« und wird als »inappropriate, profane, polluting« (ebd.) angesehen (5.7).

Diese vielschichtigen Bedeutungsebenen haben zur Folge, dass die Capoeira Angola für ihre ›Anhänger/-innen‹ deutlich mehr ist als ein Sport. Vielmehr betonen und schätzen sie den holistischen Anspruch, aufgrund dessen die Capoeira Angola für sie ein »sehr viel breiter gefächertes Ding« ist, wie dies Robert formuliert. Worin dieses »breiter gefächerte« besteht und was die »unglaubliche Komplexität« der Capoeira Angola ausmacht, von der Eva spricht, will dieses Kapitel aufzeigen.

5.2 Trance oder Flow? – »Bei mir schaltet das den Kopf irgendwann aus, und dadurch hat das dann vielleicht so 'nen spirituellen Charakter.«

Um ein besseres Verständnis für den ritualhaften Charakter und die Transzendenzerfahrung in der *roda* zu entwickeln, soll zunächst näher beleuchtet werden, inwiefern dabei für die Capoeiristas spirituelle Aspekte eine Rolle spielen. Dabei ist grundsätzlich anzumerken, dass die große Mehrheit der ACAD-Mitglieder sich allgemein als nicht besonders eng mit einer Religion oder Kirche verbunden beschreibt. Dennoch empfinden sich viele von ihnen als spirituell oder offen für religiöse Empfindungen. So betont Bettina, dass sie nicht religiös sei und keiner Kirche angehöre, dass sie jedoch an der Capoeira den »Umgang mit Energien« schätze, der für sie ein zentrales Element von Spiritualität sei. Sie empfinde dies außerdem »als Bereicherung im Leben, weil es in der hiesigen Kultur nicht gepflegt wird« (vgl. auch 5.6), da es ein wichtiger Teil des Lebens sei, »zu spüren, was für Energien laufen.« Bei Tanja klingt sogar ein Vergleich von Capoeira mit Religion an, wenn sie beschreibt, dass »Capoeira einem etwas gibt, wofür es sich lohnt zu leben« und ausführt:

> »Also es ist nicht einfach nur ein Hobby, was man halt gerne macht und was Spaß macht, sondern ich glaube auch, dass das so in die religiöse Richtung gehen *kann*. Und das ist so in Ansätzen auch bei mir, wo ich denke, ja, das kann einem im Leben Halt geben.«

Diese Äußerungen verweisen darauf, dass die Motivation der Capoeira-Spieler/-innen ähnlich gelagert sein könnte wie bei den Anhänger/-innen so mancher moderner Jugend-Tanzkulturen, über die Bernhard Streck (2004: 25) schreibt, es stehe hinter deren Sehnsucht nach »der Befriedigung spezifisch westlicher Bedürfnisse nach Entspannung, Zerstreuung, erotischem und exotischem Reiz sowie der gegenseitigen Bereicherung im Kulturkontakt (...) das psychologische Verständnis des Individuums in der Krise, das nach Mitteln der Ichstärkung greift.« Diese Suche nach »Ichstärkung« kam in den Interviews verschiedentlich zur Sprache, wenn es um spirituelle Aspekte der Capoeira Angola ging. So sagt Eva von sich, der Kampftanz habe sie »auf jeden Fall stärker gemacht«, und auf der ACAD-Homepage ist Capoeira beschrieben als eine Möglichkeit, »sich selbst zu behaupten und innerlich freier zu werden« (vgl. auch 5.5).

Wie Eva beschreibt, macht für sie die Tatsache, dass M. Rogerio viel Wert auf ›saubere‹ Bewegungen lege, etwas von der Spiritualität der Capoeira aus, »weil das eben dann nicht so sehr nach außen geht, sondern sehr konzentriert ist.« Diese Konzentration auf ›das Wesentliche‹ oder sich selbst erfahre sie teilweise auch beim Musizieren: »Also da ist es dann irgendwann so, dass ich dann nicht mehr nachdenke.. also irgendwie so 'ne andere Bewusstseinsebene vielleicht, ich bin dann einfach da und sonst gar nichts.« Erlebe sie solche Momente beim Capoeira-Spiel, sei dies manchmal mit einer Art Trance vergleichbar:

> »Ich glaube, das ist dieses Musikmachen, was so 'nen gleichförmigen Rhythmus hat, sich darauf so einzulassen, auch seinen Körper darauf einzulassen.. also bei mir schaltet das den Kopf irgendwann aus, und dadurch hat das dann vielleicht so 'nen spirituellen Charakter.«

Robert hingegen sagt von sich, dass für ihn Capoeira nichts mit Spiritualität zu tun habe. Allerdings taucht auch bei ihm das Thema der Trance und des »Kopf abschaltens« auf, das für ihn sehr stark mit einem Erleben der Musik verknüpft ist. So schildert er, dass er bisweilen beim Tanzen zu basslastiger Musik die Erfahrung mache, »dass der Körper sozusagen anfängt, Sachen alleine zu machen und dass der Kopf so ein bisschen nach hinten geht«. Dies passiere ihm auch manchmal beim Capoeira-Spiel, wenn die Instrumente in der *bateria** zueinander fänden und harmonisierten, sodass die Musik etwas »trancemäßiges« habe. In einer solchen Situation könne es passieren,

> »dass man nicht mehr an die Bewegungen denkt, die man gelernt hat, sondern dass man den Körper sich austoben lässt und die Musik sozusagen das ist, was einen dann ein bisschen treibt und leitet oder inspiriert, irgendwelche Sachen zu machen.«

Der Aspekt, den die beiden Capoeiristas hier als tranceähnlich beschreiben und in die Nähe einer spirituellen Erfahrung rücken, hat für sie also mit dem Gefühl zu tun, dass der Kopf die Kontrolle abgibt und der Körper »anfängt, Sachen alleine zu machen.«[59] Wenn Eva schildert, in solchen Momenten sei sie »dann einfach da und sonst gar nichts«, scheint es jedoch gleichzeitig auch darum zu gehen, zu sich selbst zu kommen und in der Situation ganz anwesend und präsent zu sein.

Sowohl in der Literatur als auch von Capoeiristas wird dieses Gefühl bisweilen als »flow« bezeichnet. Dieses Konzept findet u.a. in der Pädagogik und Sportpsychologie Verwendung und wurde vor allem durch den Psychologen Mihaly Csikszentmihalyi geprägt (vgl. Kohn 2008: 103). In einem von Csikszentmihalyi gemeinsam mit Jeremy Hunter verfassten Artikel beschreiben die beiden Autoren *flow* als eine Erfahrung, bei der »a person feels on top of the world, in command of the situation and feeling that his/her limits are being pushed to the utmost« sowie als »a state of experience where a person, totally absorbed, feels tremendous amounts of exhilaration, control, and enjoyment« (Csikszentmihalyi/Hunter 2000: 12). Hutson (2000: 40) bezeichnet diesen Zustand in seinem Artikel über die Rave-Subkultur als »a holistic sensation of total involvement« und schildert unter Bezugnahme auf Csikszentmihalyi, wie hierbei »the act [merges] with the awareness of the act, producing self-forgetfulness, a loss of selfconsciousness, transcendance [sic] of individuality, and fusion with the world«.

Flow bezeichnet also einen Zustand, in dem man völlig von seiner momentanen Aktivität vereinnahmt ist und darin aufgeht, da man zwar stark gefordert, aber nicht überfordert ist und so – im Kontext sportlicher Betätigung – ein Gefühl von Kontrolle und Körperbeherrschung erlebt, wie dies auch Kohn (2008: 104) in Bezug auf die Erfahrungen beim Training von Kampfsportarten schildert: »Flow offers a sense of happy control, and in flow activity a concern for the self disappears, giving way to a stronger sense of self when the flow experience ends.« Damit unterscheidet sich dieser Zustand von einem Trance-Erlebnis im engeren Sinn, bei dem es zum Kontrollverlust kommt und bei dem der betroffene Mensch nicht mehr bewusst seinen Körper steuern kann.

Wenn Kohn (ebd.) schreibt: »In ›flow‹, you stop thinking altogether and just ›do‹«, erinnert dies allerdings auch an die Erfahrung des »Kopf abschaltens«, die in den oben zitierten Aussagen von Eva und Robert anklang. Diese verweist auf den im westlich-neuzeitlichen Denken tief verankerten Cartesianischen Dualismus von Körper und Geist, auf den Hunter und Csikszentmihalyi in ihrem Artikel eingehen und darin feststellen, dass dieser Dualismus »is starting to

59 Vgl. dazu auch Sieveking (2006: 224-231). Sie schildert bezüglich afrikanischen Tanzkursen in Deutschland, wie dort die Aufforderung zum »Kopf abschalten« zwar nicht direkt mit einer spirituellen Erfahrung verknüpft wird, es jedoch ebenfalls darum geht, sich der Musik hinzugeben und nicht nachzudenken, um zu einer fließenden und runden Tanzbewegung zu finden.

finally show significant cracks« (Csikszentmihalyi/Hunter 2000: 7). Die Autoren machen dies u.a. an dem zunehmenden Interesse an ›alternativer‹ Medizin fest, das auf »a widespread dissatisfaction with the mechanistic view of the body« (ebd.) verweise, wie sie durch den Cartesianischen Dualismus etabliert worden sei.[60] Diese Unzufriedenheit könnte auch für einige Capoeiristas eine Rolle spielen, wenn diese schildern, dass sie beim Spiel in der *roda* ganz zu sich kommen und so eine ›ganzheitlichere‹ Körpererfahrung machen. Indem sie gleichzeitig das Gefühl des »Kopf abschaltens« betonen, stützen sie sich allerdings implizit dennoch auf Descartes' Schema, das auf einem binären Denken basiert – auch wenn sie in diesem Fall eine Umkehrung vornehmen, da der Körper die Kontrolle über den Geist übernimmt.

Wenn die Capoeiristas ihre Erfahrung in der *roda* mit einer Trance vergleichen oder als *flow* bezeichnen, geht es also einerseits um das Gefühl, den Kopf auszuschalten und dem Körper die Kontrolle zu überlassen. Andererseits tritt dieses Gefühl erst dann ein, wenn man bereits ein bestimmtes Spielniveau erreicht hat und folglich über ein gewisses Maß an Körperbeherrschung und Können verfügt. Das besondere Erlebnis in der *roda* entsteht dann vor allem in solchen Situationen, in denen man konzentriert und präsent ist, jedoch gleichzeitig nicht völlig von der Konzentration auf die richtigen Bewegungen eingenommen ist, sondern einfach »den Körper sich austoben lässt« (Robert) – in denen das also »schon so automatisiert abläuft, und ich halt einfach sozusagen instinktiv reagiere und gar nicht mehr darüber groß nachdenke«, sodass man »dann einfach da [ist] und sonst gar nichts« (Eva).[61]

60 Im Bereich der Philosophie sei der unzulängliche Dualismus Körper-Geist durch phänomenologische Ansätze wie den von Maurice Merleau-Ponty ergänzt worden. Dieser »rejected the Cartesian structure in favor of an integrated view that emphasized the notion of embodiment, or in other words, the centrality of human experience as lived through a body« (ebd.: 8). Während das Cartesianische Denken den Geist als dem Körper überlegen gedacht habe, habe die phänomenologische Philosophie die zentrale Rolle des Körpers für die menschliche Erfahrung durch dessen Funktion als »a bridge to worldly experience« (ebd.) anerkannt. Aus diesem Grund beziehen sich heute viele körper- und tanzethnologische Studien auf Merleau-Pontys Arbeiten – wie z.B. Lewis (1995), dessen Konzept von *embodiment* sich auf die Kritik an der westlichen Trennung von Körper und Geist stützt, oder Sieveking, die sich an Merleau-Pontys Konzept des Leibes orientiert, um »Körper und Leib als ineinander verflochtene, durch das ›Fleisch der Dinge‹ verbundene Aspekte der Beziehungen zwischen dem Selbst und seiner (Um-)Welt« (2006: 32) zu interpretieren.

61 Vgl. zum Aspekt des Da-Seins Sieveking (ebd.: 231-235), die in Bezug auf Afrikanischen Tanz schildert, wie dort manche Lehrer äußern, man könne nicht gleichzeitig tanzen und denken: »Wenn man mit dem afrikanischen Tanz beginnt, ist man *da und nirgendwo anders*, es gibt nur noch den afrikanischen Tanz. Man darf an nichts als den Tanz denken.« (Cheikh Tidiane Niane in: tanz aktuell 1987, zitiert ebd.: 234, Hervorhebung i.O.) Sie führt aus, dass »[i]n der pädagogischen Praxis (…) meist eine

Die Erfahrung des ›Kopf abschaltens‹ scheint somit ein wesentliches Charakteristikum der Capoeira-Erfahrung zu sein, an der die Capoeiristas »die innige Verbindung zwischen Körperbewegung und Instrumentalmusik, das Regiment von Rhythmus und Melodie über Motorik und Haltung« schätzen (Streck 2004: 24). Es geht also – anders als bei Trance-Erfahrungen – gerade nicht um den »Ich-Verlust« bzw. den »Verzicht auf Subjektivität [als] dem zentralen Heiligtum des modernen Selbstverständnisses« (ebd.: 25), sondern vielmehr um ein intensiveres Erleben desselben durch die Herausforderung der eigenen Grenzen und des eigenen Körpers, bzw. – um nochmals auf die oben zitierte Passage von Petridou (2009: 63) zurück zu kommen – um die »experience of emotion, a sense of collectiveness and sacredness, and a process of transcendence.«

5.3 Umgang mit Hierarchien – »Ja, das Hierarchische ist natürlich ein schwieriges Thema...«

Wie in Kapitel 3 bereits angerissen wurde, sind die Hierarchien, die die Capoeira-Welt prägen und vor allem in der sehr präsenten Figur des Mestre ihren Ausdruck finden, immer wieder Gegenstand von Debatten und werden vielfach als problematisch oder zumindest als »ein schwieriges Thema« (Bettina) angesehen. Mestre Rogerio beschreibt, dass es vor allem in den Anfangszeiten der Capoeira Angola in Deutschland schwierig gewesen sei, den Schüler/-innen zu vermitteln, welche Funktion die Rolle des Mestre in der Capoeira spielt. Er erklärt diese Probleme damit, dass hierzulande vor allem ›alternative‹ Menschen Capoeira spielen, die darin ihre »Selbstbefreiung« suchen oder ihr »libertäres Moment« ausleben wollen. (Vgl. 3.1.)

Dementsprechend stehen auch heute noch viele Capoeiristas dem Thema ambivalent gegenüber. So äußern sich die ACAD-Mitglieder kritisch gegenüber manchen Gruppen, in denen es einen starken »Mestre-Kult« (Charlotte) gebe und schätzen an ihrer Gruppe besonders, dass diese nicht von starken Hierarchien geprägt sei, sondern dass man vielmehr »zu Selbständigkeit hingeführt wird« (Nicole). Daher empfinden sie Mestre Rogerio gegenüber zwar »Respekt und Hochachtung« (Tanja), beschreiben es jedoch als positiv, dass

> »er halt nicht seinen Blick einfach so über uns drüber stülpt, sondern er bietet ihn uns quasi an. Das finde ich eine Art von Lehrertum, die zwar 'ne automatische Wissenshierarchie beinhaltet, aber keine für mich problematische Hierarchie.« (Eva)

---

starke Trennung von Kopf und Bauch oder Gehirn und Herz, Intellekt und Gefühl, Denken und Tanzen vollzogen [wird]« (ebd.: 235) – ein Thema, das wiederum auf den oben erwähnten Cartesianischen Dualismus verweist.

Um einen Mestre als Autorität akzeptieren zu können, beschreiben viele Capoeiristas es als wichtig, dass er über »Weisheit« (Eva) verfüge und betonen außerdem immer wieder, dass man in der Capoeira Regional sehr schnell zum Mestre aufsteigen könne, wohingegen es bei einem Mestre in der Capoeira Angola nicht um bloße Körperbeherrschung gehe: »Da muss für mich auch einfach 'ne größere Tiefe und Weisheit, die sich mit der Lebenserfahrung ergibt, drin sein« (Robert). Solch ein Mestre verdiene sich Respekt nicht durch autoritäres Verhalten, sondern durch seine Persönlichkeit, wie dies Robert schildert:

> »Manche Mestres haben das [eine starke Hierarchie, SL] einfach nötig, und sind dann meines Erachtens Würstchen, so. Mestres können auch sehr dominant und 'ne sehr starke Führungsfigur sein, ohne dass das irgendwie auf Autorität oder auf Rumschreien oder auf sich nach vorne stellen oder nach außen stellen beruht.«

Wenn die ACAD-Mitglieder hier das hohe Maß an Selbständigkeit betonen und hervorheben, dass Rogerio sie nicht bevormunde, sondern Ariane zufolge ein »supertoleranter Typ, der sich nicht produzieren muss«, sei, klingt in diesen Beschreibungen ein Wunsch nach Freiheit und Selbstbestimmung an, ein Streben nach persönlicher Entwicklung und Entfaltung, auf das wir auch in Abschnitt 5.5 nochmals stoßen werden.

Demgegenüber sehen manche eine gewisse Form von Hierarchie dennoch als notwendig an und bringen dies mit dem spirituellen Aspekt der Capoeira in Verbindung. So schildert Bettina:

> »Capoeira Angola, beziehungsweise Capoeira insgesamt, wie ich vermute, dass sie vielleicht so ungefähr früher auch war, ist im Grunde genommen ein spirituelles Ereignis. Und das, ich weiß jetzt nicht, ob man das so sagen kann, das erfordert auch Hierarchien.«

Hier wird also zum einen die Spiritualität der Capoeira Angola als etwas traditionelles beschrieben, die zu respektieren deshalb von großer Bedeutung sei. Zum anderen erklärt Bettina die Hierarchien in der Capoeira Angola mit deren spirituellem Charakter, was sie damit begründet, dass Capoeira Angola zu lernen »so eine unendlich große Sache« sei, »wo man sich ein Leben lang einfühlt und wo einfach Leute, die dann halt ein paar Jahre oder Jahrzehnte mehr drin stecken, 'nen anderen Blick und 'ne andere Wahrnehmung haben.« Daher seien gewisse Hierarchien notwendig, um den in der Capoeira vorhandenen »Umgang mit den Energien zu leiten. Sonst geht's nach Goethe: ›Die Geister, die ich rief..‹ Also, man muss mit Geistern, die man ruft, auch umgehen können.«

Mit dieser Schilderung spielt Bettina auf den oben diskutierten ritualhaften und komplexen Charakter der Capoeira Angola an. Wie Petridou (ebd.: 66) diesbezüglich über die Welt des Tango schreibt, ist »[a] central element of the discourse of sacredness (…) the idea that tango requires initiation, and that initiation is a slow, painful process.« Wenn Bettina hier hervorhebt, Capoeira zu lernen sei eine »unendlich große Sache«, klingt darin ebenfalls die Vorstellung eines »painful process« an, der dementsprechend der Begleitung durch erfahrene Personen bedürfe.

Dies kann auch als einer der Gründe dafür angesehen werden, dass Rogerio und Bettina viel Wert auf die grundlegenden Capoeira-Figuren wie *ginga** und *rabo de arraia** legen (vgl. 3.2). Charlotte zitiert diesbezüglich Rogerio mit den Worten: »die Basics müssen sitzen und sauber sein, sonst stimmt der Rest auch nicht.« Nochmals sei Petridou zitiert, die im Tango ein ähnliches Phänomen beobachtet:

> »It takes time to learn how to walk, which is considered to be the simplest element of this dance but the most essential. Tango teachers are praised when they insist on the walk and not give in to beginners' demands for fancy figures.« (ebd.)

Entsprechend werfen auch die Angoleiros der Capoeira Regional vor, sie lege den Schwerpunkt auf spektakuläre Bewegungen, weshalb Regional-Mestres primär über Körperbeherrschung, aber über wenig »Weisheit« verfügten. Bei aller Ambivalenz, die in den Beschreibungen mitschwingt, begründen sie also für sich die zentrale Position des Mestres auch mit dem spirituellen Charakter der Capoeira Angola.

5.4 Capoeira Angola als Philosophie und Lebensgefühl – »…einfach 'ne ganze Weltsicht, die dahinter steht.«

Aus dem bisher geschilderten dürfte bereits deutlich geworden sein, dass die meisten Capoeiristas in der Capoeira Angola nicht nur ein Hobby unter vielen sehen, sondern »auch 'ne gewisse Philosophie, die dahinter steht« (Nicole). So schildert Robert:

> »Mir wurde die Musik immer wichtiger, der Kampfaspekt immer weniger wichtig, und die Tiefe, die so ein Capoeira-Spiel hat, wurde immer mehr, die Kommunikation zwischen den Leuten trat dann für mich in den Vordergrund. Und.. heute ist es einfach 'ne ganze Weltsicht, die dahinter steht.«

Bei der genaueren Bestimmung dieser »Weltsicht« stößt man auf die Konzepte *malícia* (List, Hinterlist), *mandinga* (Magie, Hexerei) und *malandragem* (Gaunertum, Gaunerei), die im ›Universum‹ der Capoeira ein ganzes Feld von Bedeutungen umfassen, das sich um Täuschung, List und Humor dreht. Wie zentral diese Konzepte für die Capoeira sind, zeigt bereits der Blick auf einige Buchtitel: So zielt J. Lowell Lewis' »Ring of Liberation« (1992) auf das Thema des »deceptive discourse in Brazilian capoeira« ab, Greg Downey untertitelt sein Buch »Learning capoeira« (2005) mit »Lessons in cunning from an Afro-Brazilian art« und Nestor Capoeira setzt im Titel seines Buches »Capoeira – Os fundamentos da malícia« (1992) sogar die gesamte Praktik mit *malícia** gleich.

Die ACAD erklärt die zentrale Bedeutung von *malícia** und *mandinga** aus deren Geschichte heraus. So beschreibt sie die Capoeira Angola in einem Flyer als einen »Kampf versteckt im Tanz«, der in Brasilien als »kulturelle[s], spirituelle[s] und körperliche[s] Kampfinstrument im Widerstand gegen die Sklaverei« fungiert habe:

> »Capoeira Angola ist die Waffe des Schwächeren, des Ungeschützten, gegen die Macht der Unterdrücker. Die Angoleiros wissen, dass die Anwendung roher Gewalt alleine nichts bringt. Es ist wichtig, Intelligenz und mandinga (Magie) zu verwenden.«

Die drei Begriffe *malícia**, *mandinga** und *malandragem** werden oft synonym verwendet, auch wenn sie leicht unterschiedliche Bedeutungen haben. Setzt ein Capoeirista im Spiel *malícia** ein, drückt sich dies durch eine gewisse Verschlagenheit aus, durch das Antäuschen einer Bewegung oder durch das Vortäuschen einer Verletzung, um dann im nächsten Moment doch zum Angriff überzugehen. Die Kunst besteht dabei »nicht in einer offenen Konfrontation, sondern in der subtilen, unerwarteten Gegenattacke, eingeleitet durch komplizierte Simulationen, und dem steten Lächeln des Ausführenden« (Assunção 1999: 15). Ariane beschreibt dies als die Möglichkeit,

> »dass man sich so necken und foppen kann und sich die Füße unter dem Boden wegziehen kann, und das mit 'nem lachenden Auge. Und nicht immer nur versucht, sich in die Ecke zu treiben, sondern mit dieser List zu spielen. Das ist ja nicht immer sowas geradliniges, sondern es ist was ausgebufftes, was auch aus dem Moment heraus so entsteht. (...) Also, wenn man so 'ne freche Seite hat, die nicht böse gemeint ist, (...) dann kann man das glaube ich gut lernen, irgendwie so ein bisschen listig zu sein, aber das nie auf 'ne boshafte Art und Weise.«

Willson zufolge verfügt jemand mit *mandinga* über ähnliche Qualitäten wie jemand, der *malícia** einsetzt. Jedoch sei *mandinga* um eine übernatürliche Komponente erweitert, da das Konzept dem Candomblé* entstamme:

> »In the Afro-Brazilian spiritist religion of candomblé, those to whom one asks advice, those who have the power to cure, curse, or do harm or good for and to others, are (...) called *mandingeiros*. A *capoeirista* with *mandinga* is particularly dangerous and respected because he or she can use in their play other-worldly elements over which the other player has no control or defense.« (Willson 2001: 28)

*Malandragem** wiederum bezieht sich auf den Begriff des *malandro**, der im alltäglichen Sprachgebrauch in Brasilien sehr verbreitet ist und eine Person bezeichnet, »who is a vagabond, a trickster, a scoundrel, a person with generally bad intentions, one who cannot be trusted« (ebd.: 27). In der Capoeira ist diese negative Beschreibung jedoch positiv konnotiert, denn sie verweist auf die in der Vergangenheit wichtige »ability to survive in adverse circumstances by using one's wits and physical skills« (Lewis 1992: 49). Bezeichnen Capoeiristas ihre Aktivität als *malandragem**, spielen sie also Lewis (ebd.) zufolge auf diese zwiespältige Bedeutung an, »by contrasting a general social stigma toward their activities (especially in the past) with their own pride of participation in the sport.« Entsprechend stellen *malícia** und *malandragem** auch eines der Felder dar, auf dem die Auseinandersetzung um Tradition und Authentizität der Capoeira Angola ausgetragen wird.[62]

Trotz der leicht unterschiedlichen Bedeutungsebenen beschränke ich mich im Folgenden auf den Begriff ›*malícia*‹, wenn es um jene besondere Einstellung geht, von der gesagt wird, dass »no capoeira angola player will be considered good unless he or she understands it« (Willson 2001: 26) und die sich ausdrückt in Humor, technischer Versiertheit und der Fähigkeit zur Täuschung (vgl. Downey 2002: 491). Diese Charakteristika im Capoeira-Spiel einzusetzen, empfinden viele der ACAD-Mitglieder jedoch als schwierig. Eva führt dies auf eine »bestimmte Lockerheit« zurück, die »den Leuten hier [in Deutschland, SL] abhanden« gehe und sieht diesbezüglich einen »Mentalitätsunterschied« zwischen Brasilien und Deutschland:

> »Um *malandragem** und *mandinga** reinzubringen, darf man sich selbst nicht zu ernst nehmen. Man muss so 'nen bestimmten Witz haben, der von meinem Gefühl her mehr zum brasilianischen Humor passt. Es gibt sicherlich auch Deutsche, die das machen, aber es ist halt einfach anders und kommt auch anders rüber. Dieser leicht stichelnde Witz kann halt schnell kippen in Deutschland, dass es dann irgendwie fast schon so 'ne beleidigende Art hat und das ist halt in Brasilien nicht so schnell der Fall.«

Auch Nicole bringt *malícia** mit Brasilien in Verbindung und berichtet, dass sie erst dort ein Verständnis davon entwickelt habe, was mit *malícia** gemeint sein könnte: »Da hab ich das Gefühl gehabt, hm, okay, so langsam versteh' ich, was die List sein soll, der Humor, aber das umzusetzen finde ich bis jetzt immer noch schwierig.« Ähnlich wie Eva und Nicole es als ein besonderes ›brasilianisches Spezifikum‹ beschreiben, listig, täuschend und humorvoll spielen zu können, bringt auch Mestre Rogerio dies mit nationaler Zugehörigkeit in Zusam-

62 So beklagen Willson (2001: 33) zufolge ältere Mestres immer wieder, dass »capoeira angola no longer has the deep connections to malícia and mandinga that it once had«.

menhang, macht jedoch gleichzeitig deutlich, dass es viele Deutsche gebe, die genauso gut Capoeira spielen könnten wie Brasilianer/-innen:

> »Capoeira zu spielen, *mandinga, malícia, malandragem*! – das funktioniert dort [in Deutschland, SL] anders. Wenn du einen Deutschen spielen sehen willst und hoffst, es sieht aus wie bei einem Brasilianer, das ist schwierig. Aber es fehlt nicht viel, nein. Es gibt dort viele, bei denen du nicht die Nationalität siehst, wenn du sie spielen siehst, sondern du siehst einen Capoeirista und fertig.«[63] (Peixoto 2003: 25)

In diesen Schilderungen wird der Einsatz von *malícia** und damit die Beherrschung eines zentralen Aspekts der Capoeira Angola also einerseits stark mit der Nationalität der Spieler/-innen verknüpft. Andererseits scheinen in der Capoeira nationale Grenzen komplett aufgehoben zu sein: »Du siehst einen Capoeirista und fertig.« Dieses Paradox kann als ein Ausdruck verschiedener, sich widersprechende Topoi innerhalb der Capoeira gelesen werden: Einerseits gilt diese als ›(afro-)brasilianisch‹ und steht idealtypisch für Vorstellungen von Humor, List, körperlicher Gewandtheit, Musik und Spiritualität – Eigenschaften, die umgekehrt ›Deutschen‹ vermeintlich fehlen. Andererseits wird sie als universelles Mittel der Selbstentfaltung gesehen, die Menschen auf der ganzen Welt dabei helfen kann, »sich selbst zu behaupten und innerlich freier zu werden.«[64]

Dies verweist auf einen weiteren zentralen Topos der Capoeira, der häufig mit dem Konzept der *malícia** in Verbindung gebracht wird: die Funktion von Capoeira als Widerstandsinstrument.

5.5 Capoeira Angola als Widerstandsinstrument – »...eine Form von Überwindung und Selbstherausforderung, die auch irgendwie innerlich stärker macht«

Wie in Kapitel 2.1 bereits geschildert, wird Capoeira vielfach mit dem historischen Widerstand der Sklav/-innen gegen ihre Besitzer/-innen in Verbindung gebracht. Vielen Capoeiristas gilt die Capoeira daher auch heute als eine ›Waffe des Schwächeren‹, was einen wichtigen Teil ihres ›Images‹ und ihrer Faszina-

63 Im Original: »Fazer a capoeira, mandinga, malícia, a malandragem!, por aí afora, isso funciona de uma outra forma. Você quer ver um alemão jogando, esperando ver brasileiro, aí é difícil. Mas não falta muita coisa não. Tem muitos aí que, quando você vê jogando, você não vê nacionalidade, você vê um capoeirista e pronto.«

64 Abgesehen davon, dass bereits diese Gegenüberstellungen von ›Brasilien‹ und ›Deutschland‹ fiktiv sind, wäre hier noch zu ergänzen, dass es auch jenseits davon eine ganze Reihe anderer Kontexte gibt, in denen Capoeira gespielt wird – sei es von Capoeiristas in Angola, Brasilianer/-innen in Deutschland, Deutschen in Brasilien, Japaner/-innen in Argentinien, etc.

tion ausmacht. So bezeichnet z.B. das populärwissenschaftliche Buch von Dirk Hegmanns (1998) über Capoeira diese im Titel als eine »Kultur des Widerstands«. Auch Mestre Rogerio macht deutlich, dass er die Capoeira überall auf der Welt als eine »Widerstandsbewegung« sieht:

> »Wo man Menschen sieht, wird es den Unterdrücker und den Unterdrückten geben. Dort wird die Capoeira immer hinpassen, zwischen den Unterdrücker und den Unterdrückten. Und sie wird immer viel mehr durch den Unterdrückten als durch den Unterdrücker praktiziert werden, das ist die Geschichte der Capoeira in diesen 500 Jahren in Brasilien.«[65]

Auf die Frage, wogegen die Capoeira Widerstand leiste, antwortet Rogerio, es handle sich einfach um den »Widerstand der einfachen Leute«[66], weshalb er Capoeira auch vielfach als Teil der popularen Kultur (*cultura popular*) bezeichnet. Wie Hall (2000: 103) feststellt, stand dieser Begriff durch seine Verknüpfung mit der Alltagserfahrung der »gewöhnlichen Leute (…) immer im Gegensatz zur Elite- oder Hochkultur« und gilt dadurch als »ein Ort alternativer Traditionen.« Er führt aus:

> »Die Bedeutung des ›Popularen‹ in der popularen Kultur besteht darin, die Authentizität der popularen Formen zu fixieren (…). Die Kategorie des Popularen erlaubt es uns, diese kulturellen Formen als Ausdruck eines bestimmten, subordinierten sozialen Lebens zu begreifen«. (ebd.)

Auch Browning, die in ihrem Buch über Samba diesen als »resistance in motion« bezeichnet und damit ein weiteres afro-brasilianisches Kulturphänomen als Widerstandsinstrument interpretiert, schließt sich dem an, wenn sie schreibt: »Capoeira, like samba, is an alternative language to the dominant one.« (Browning 1995: 93)

Ohne »die Gleichsetzung von Capoeira und Widerstand« grundsätzlich zu leugnen, zeigt Assunção (1999: 1) in seinem Artikel über die Geschichte der Capoeira, dass »die Absolutierung des Begriffs Widerstand und seine Reduktion auf bestimmte Formen hinterfragt werden« müssen und zeichnet sehr prägnant nach, wie sich die Capoeira im Verlauf ihrer komplexen Geschichte »zwischen Anpassung und Widerstand« bewegte. Dem Autor zufolge herrschten in der Forschung über Sklaverei und Widerstand lange Zeit starke Dichotomien vor, die den Sklaven entweder als »Onkel Tom« präsentierten, »der sich, mangels besserer Möglichkeiten, dem System unterwarf [und der] sich Werte und Verhaltens-

---

65 Im Original: »Onde vê gente, vai ter o opressor e vai ter o oprimido. É aonde a capoeira sempre vai encaixar, né, entre o opressor e o oprimido. E ela vai estar sempre praticada muito mais pelo oprimido do que pelo opressor, essa é a história da capoeira, nesses 500 anos no Brasil.«

66 Im Original: »uma resistência popular mesmo«.

weisen der weißen Besitzer aneignete« (ebd.: 2), oder ihn zum »heroischen Rebell« stilisierten, »der Folger [sic] und Tod riskierend, die Sklaverei systematisch verweigerte und als Märtyrer in die Geschichte einging« (ebd.). Für letztere Figur steht im brasilianischen Kontext Zumbi dos Palmares, »der militante Anführer des größten brasilianischen Quilombos*« (ebd.). (Vgl. Kapitel 2.1, Fußnote 18.)

Vor diesem Hintergrund ist die Betonung von Capoeira als Teil ›schwarzer Kultur‹, Widerstandsinstrument oder Waffe der Unterschichten einzuordnen. Laut Assunção (ebd.: 6) unterschlagen diese Interpretationen jedoch »die Capoeira-Praxis von Mitgliedern der Elite und die ambivalente politische und soziale Funktion der Capoeira in bestimmten historischen Kontexten [sowie] tendieren auch dazu, den Einfluss europäischer Elemente auf die Capoeira herunterzuspielen.«[67] Dementsprechend ist die Frage nach der Zentralität des Widerstandsaspekts in der Capoeira eines der zentralen Felder, auf dem der Kampf um deren Authentizität und ›Reinheit‹ ausgetragen wird. Dies hebt auch Vassallo hervor, wenn sie beschreibt, dass in der Capoeira

> »Reinheit und Widerstand Attribute sind (...), die unleugbar miteinander vermischt sind, während gleichzeitig Synkretismus (oder Akkulturation) als eine Quelle des Verfalls gesehen wird, als Abwesenheit der Fähigkeit zum Widerstand, als eine Schwäche.« (Vassallo 2001: 14)

Damit also die Capoeira als Widerstandsinstrument glaubwürdig wirkt, muss sie möglichst ›rein‹ sein von Einflüssen, die dieses Bild stören könnten. Die Folge sind Mythologisierungen und Essenzialisierungen der Capoeira, die Widersprüche und Ambivalenzen zu glätten versuchen, wobei es je nach Standpunkt des Sprechers/der Sprecherin darum geht, die jeweils für ›wahr‹ gehaltene Version der Capoeira wiederzufinden und zu bestärken (vgl. Assunção 1999: 7). Assunção zufolge kann jedoch »kein einheitliches Urteil über ihre Eigenschaft als Widerstandsform oder als Ausdruck einer klassenspezifischen, ethnischen, regionalen oder nationalen Identität gefällt werden«, weshalb »[d]ie Komplexität der Capoeira (...) mit diesen Kategorien alleine nicht einzufangen« sei (ebd.: 18).

Im Wissen darum will ich mich nun der Frage zuwenden, inwiefern die Interpretation der Capoeira als Widerstandsbewegung für die ACAD-Mitglieder relevant

67 Im Zuge dessen kann es zu einer Romantisierung von Widerstandsformen kommen, wie dies Abu-Lughod auch an vielen ethnographischen Studien über Widerstand kritisiert. Ihr zufolge findet sich darin häufig eine »tendency to romanticize resistance, to read all forms of resistance as signs of the ineffectiveness of systems of power and of the resilience and creativity of the human spirit in its refusal to be dominated.« (Abu-Lughod 1990: 42)

ist. So schildert Ariane, dass sie den historischen Widerstand der Sklav/-innen in Brasilien zwar »total respektiere und toll finde«, dass ihr jedoch die »geistige Verbindung« dazu fehle, »weil ich noch nicht in der Lebenssituation war, aus der heraus das entwickelt worden ist.« Deshalb fühle sie sich diesbezüglich »immer sehr als Imitatorin« und erklärt: »Das ist kein aktiver Widerstand, den man hier lebt, das ist was, wo ich keine Übertragung sehe.« Aus diesem Grund erklärt auch Bettina, dass sie es »albern« finden würde zu behaupten, sie verstehe Capoeira in Deutschland als eine politische Aktivität und vermutet, dass es für Afro-Brasilianer/-innen eine andere Bedeutung haben könne, Capoeira zu spielen. Sie betont jedoch gleichzeitig, es sei auch für Capoeiristas in Deutschland wichtig, diesen Teil der Geschichte der Capoeira zu kennen und zu respektieren.

Robert wiederum beschreibt von sich, dass der Widerstandsaspekt »auf jeden Fall ein Punkt [war], der mich ganz ganz stark angesprochen hat« und vergleicht Capoeira mit Boxen, da beides Sportarten »von unten« gewesen seien:

> »Gerade die Capoeira Angola war ja nicht nur 'ne Sportart, sondern die Kultur der Menschen und (...) eine Sache, die auf der Straße stattgefunden hat und nicht in irgendwelchen Sporthallen, [sondern] 'ne Sportart der niedrigen Schichten, 'ne Sache der Auflehnung, 'ne Selbstbehauptung der Sklaven, 'ne Selbstbehauptung der Unterdrückten, 'ne Selbstbehauptung der Leute, denen es in der Gesellschaft einfach nicht so gut geht. Und das hat einfach sehr stark zusammen gepasst, damit konnte ich mich identifizieren.«[68]

Die Capoeiristas betonen hier also einerseits, dass ihnen bezüglich der Widerstandsgeschichte der Capoeira »die geistige Verbindung fehlt«, weil sie sich in einer ganz anderen Lebenssituation befinden. Andererseits fühlen sie sich unmittelbar davon angesprochen, dass Capoeira eine »Selbstbehauptung der Unterdrückten« war. Die Frage nach der Diskontinuität oder Kontinuität dieser historischen Verhältnisse erhält bei Eva eine entscheidende Wendung, wenn sie sagt, dass sich vor allem solche Menschen für Capoeira Angola interessierten, die »nicht einfach so im bestehenden System einwandfrei funktionieren« und die »widerständig« seien. Für diese sei Capoeira Angola »eine Form von Überwindung und Selbstherausforderung, die auch irgendwie innerlich stärker macht und

68 Vgl. dazu auch Vassallo (2001: 371f), die bezüglich einer Pariser Capoeira-Gruppe beschreibt, dass dort die Straße als Ort des Widerstands eine wichtige Symbolfunktion inne hat: »Die Straße ist ein öffentlicher Ort und steht für die Überschreitung der Ordnung, indem sie mannigfaltige und verschiedenartige Ausdrucksformen zulässt, insbesondere diejenigen der Unterdrückten, die in den offiziellen Kommunikationsnetzwerken häufig nicht zu Wort kommen. Die Straße ist der Ort sozialer Kritik, aber sie kann sogar einen subversiven Charakter annehmen und die Macht anfechten.«

dadurch auch stärker macht, bestimmten Strukturen auf einer anderen Ebene Widerstand zu leisten«. Sie begründet dies u.a. damit, dass es in der Capoeira Angola

> »ganz wenig um Leistung im klassischen Sinne geht, [sondern] eher so um die eigene persönliche Entwicklung (...), um das Stärken von Eigenheit als Stärke auch wirklich, nicht als Ellenbogentum oder so, sondern als ein Um-sich-selbst-Kümmern, aber nicht im neoliberalen Sinn.«

Hier kommt es also zu einer ganz neuen Interpretation des Widerstandsaspekts in der Capoeira: Der Widerstand gegen bestimmte Formen von Macht und Unterdrückung wird im Sinne der Möglichkeit persönlicher Selbstentfaltung ausgelegt. Die Geschichte der Capoeira und deren Interpretation als eine Geschichte des ›schwarzen Widerstands‹ ist für die Capoeiristas somit zwar ein wichtiger Bezugspunkt, auf den sie sich jedoch nicht ungebrochen beziehen, sondern den sie in abgewandelter Form vor ihrem eigenen Alltagshintergrund interpretieren. Für die meisten ACAD-Mitglieder ist die Capoeira dabei weniger ein Instrument zur gesamtgesellschaftlich-politischen Veränderung, sondern vielmehr eines, das sie für ihre »persönliche Entwicklung« und als etwas »innerlich stärkendes« (Eva) schätzen. So beschreibt Robert:

> »Es ist schon für mich 'ne Suche nach Freiheit und Selbstbestimmung, zu gucken, wie verhält sich der Körper, und was machen wir mit dem Körper, und wie reagiere ich, und wie verhalte ich mich in Situationen. Aber das ist eine sehr persönliche Sache, das würde ich jetzt nicht Politik nennen, sondern ist vielleicht eher 'ne Persönlichkeitsentfaltung.«

Er bringt dies mit dem oben erwähnten Konzept der *malícia** in Zusammenhang und beschreibt, dass dieses sich teilweise auch auf das Leben außerhalb der Capoeira anwenden lasse. Er interpretiert dies als

> »eine Form von ›hidden transcript‹, oder so versteckte Widerstände, die nicht öffentlich sind, aber die hinter 'ner Maske irgendwie erlauben, deinen eigenen Überzeugungen oder dir selbst treu zu bleiben und sozusagen zweigesichtig durch die Welt zu laufen. Und das ist natürlich auch ein Aspekt, der in der Capoeira betont wird, gleichzeitig zu lächeln und dann dem anderen in den Bauch zu treten oder das anzutäuschen, so.«

Das Konzept des *hidden transcript*, das Robert hier erwähnt, stammt von James C. Scott (1990). Dieser bezeichnet damit jene »non-obvious acts and moments of resistance« (Ortner 1995: 182), wie sie beispielsweise Kleinbäuer/-innen in Südostasien im alltäglichen Kampf gegen Unterdrückung anwenden, und stellt diese dem *public transcript* gegenüber, welches für »the open interaction between subordinates and those who dominate« (Scott 1990: 2) steht. Wie Assunção beschreibt, ist

> »[d]ie öffentliche Akzeptanz von Herrschaft durch Subalterne (…) demnach vor allem Täuschung zur Selbstbehauptung, wenngleich auch eine überlebensnotwendige. Sie bedeutet keineswegs, so Scott, Übernahme von Werten der Herrschenden. Das *hidden transcript*, das sich nur in Ausnahmesituationen offenbart, drücke dagegen das ›wahre‹ Wertesystem der Unterdrückten aus.« (Assunção 1999: 3)

In Capoeira-Kreisen wird dies häufig an den Texten der Lieder illustriert, in denen sich durch ihre vielschichtigen Bedeutungen der versteckte Widerstand der Unterdrückten ausdrücke. Sowohl Assunção (ebd.: 13) als auch Barbosa (2005: 87) führen in diesem Zusammenhang folgendes Lied als Beispiel an, in dem sich »der metaphorische Prozess der Subversion und Auflehnung des Sklaven« (ebd.) zeige:

Vou dizer ao meu sinhô	*Ich werde meinem Herrn sagen,*
Que a manteiga derramou	*Dass die Butter ausgelaufen ist.*
A manteiga não é minha	*Die Butter ist nicht meine,*
A manteiga é de sinhô.	*Die Butter gehört dem Herrn.*

Während der Sklave in diesem Lied sich einerseits über den Schaden freut, der seinem Herrn zugefügt wurde, formuliert er dies andererseits »so zweideutig, dass ihm aufgrund des Textes weder die Schuld noch die Schadenfreude angelastet werden kann« (Assunção 1999: 13). Assunção wendet daher den Ansatz des *hidden transcript* auch auf Capoeira an und bringt ihn wie Robert mit der zentralen Rolle von List und Täuschung in Zusammenhang. Dem Autor zufolge »zeichnet sich Capoeira in vielen historischen Kontexten dadurch aus, dass offene Konfrontation bewusst vermieden wurde«, indem »[k]eine offene Kriegserklärung an die Herrschenden, sondern eine Form von verstecktem, oder sogenanntem ›nicht-politischen‹ Widerstand« stattfand (ebd.: 4). Durch diese Perspektive lässt sich ein vielschichtigeres Bild des Kampftanzes zeichnen, das zeigt, dass Capoeira »weniger ein Beispiel für heroischen Widerstand in offener Konfrontation als für flexible Aneignung und subtile Selbstbehauptung« (ebd.: 1) war und ist.

Ähnlich scheinen auch die ACAD-Mitglieder die Capoeira für sich zu interpretieren, wenn sie diese als eine Form der Selbstbehauptung und Persönlichkeitsentfaltung für sich nutzbar machen. Die Geschichte der Capoeira als Widerstandsbewegung macht dabei zwar sicherlich einen Teil von deren Faszination aus, erfährt jedoch insofern eine Neuinterpretation, als es den Capoeiristas weniger um Widerstand im Rahmen eines Herr-Knecht-Verhältnisses wie zu Zeiten der Sklaverei geht, sondern vielmehr um eine innerliche Stärkung und Befreiung.

Vor dem Hintergrund dessen, dass diese Suche nach Selbsterfahrung vor allem in der sogenannten ›Alternativkultur‹ verbreitet ist – der viele Angoleiros angehören (vgl. Kapitel 3) und »von der gesagt wird, daß ihre Mitglieder ein Defizit verspüren, Heilung brauchen und ein Selbsterlebnis ersehnen« (Hamann/Wolbert 1988: 470) –, soll der folgende Abschnitt beleuchten, welche Rolle in diesem Zusammenhang die ›afrikanischen Wurzeln‹ der Capoeira spielen.

5.6 Die Verbindung zu Afrika – »Es gibt im Capoeira Angola schon Charakteristiken, die ich persönlich mit Afrika assoziiere. Aber das ist jetzt nur so dahin gesagt.«

Wie die vorigen Abschnitte gezeigt haben, spielt die Suche nach persönlicher Selbstentfaltung und der Erfahrung von Transzendenz eine wichtige Rolle für die Angoleiros. Hamann und Wolbert (ebd.) weisen darauf hin, dass im Kontext dieser Suche ›Afrika‹ besonders populär ist, denn es scheint »ausbeutbare Ressourcen zu bergen, die die europäische ›Herkunftskultur‹ nicht mehr zu bieten hat.« Ähnlich schildert Sieveking (2006: 69), dass im Zuge der »Esoterik-Modewelle« und »Afro-Boom-Phase« in den 1980er Jahren gerade afrikanische Tanzkurse, »die Transzendenz-Erfahrungen versprachen, (…) einer in der akademischen Mittelschicht verbreiteten Sehnsucht nach Spiritualität entgegen [kamen].«

Wie Karl-Heinz Kohl feststellt, geraten im Zuge solcher Entwicklungen die ›konsumierten‹ fremden Kulturen leicht zu »Projektionsflächen des in der eigenen Gesellschaft Unterdrückten und Verdrängten« (Kohl 1983: 19, zitiert in Künsting/Welz 1988: 404). Der idealisierende und pauschalisierende Rückgriff erfolgt daher häufig aufgrund einer »Unzufriedenheit mit den Angeboten der gegenwärtigen Kultur« (ebd.: 405).

Auch in der Capoeira Angola kommt der Bezugnahme auf die ›afrikanischen Wurzeln‹ eine wichtige Funktion zu. Zwar musste ich im Verlauf meines Arbeitsprozesses feststellen, dass diese Einstellung bei den meisten der Freifurter Capoeiristas weniger deutlich vorhanden ist als ich angenommen hatte. Allerdings ist gerade die Art und Weise, *wie* hin und wieder dennoch auf Afrika Bezug genommen wird, interessant. So lassen sich einige ambivalente und widersprüchliche Aussagen finden, in denen die Interviewten die Assoziation mit Afrika einerseits betonen, sich andererseits jedoch auch davon distanzieren. Z.B. schildert Tanja, sie habe das Gefühl, dass Capoeira Angola

> »vom Ritual und der Musik her doch eher afrikanische Züge hat. Also, ich kann's mehr zu Afrika zuordnen als zu Brasilien, aber ich war in beiden Ländern [sic] noch nicht.«

Eva – die bereits zweimal für längere Zeit in Brasilien, jedoch noch nie in Afrika war – beschreibt, dass für sie persönlich Capoeira zwar durchaus eng mit Brasilien verknüpft sei. Sie führt jedoch aus, dass die Capoeira für sie dennoch auch mit den afrikanischen Wurzeln zu tun habe, da

> »diese Form von Tanzen im Kreis in der Gruppe was.. tribalistisches hat, das tendenziell in afrikanischen Kulturen stärker ist als in Brasilien. (…) Das ist dann aber eher so 'ne völlig unreflektierte, unwissende Assoziation, die jetzt nichts damit zu tun hat, ob es in der Realität so stimmt.«

Was sie genau unter »tribalistisch« versteht, führt sie nicht weiter aus. Sie scheint damit jedoch auf eine Vorstellung von Ursprünglichkeit und ›vormodernen‹ Gesellschaftsstrukturen anzuspielen, wie dies häufig im Zusammenhang mit ›Afrika‹ geschieht. Allerdings relativiert sie ihre Aussage im selben Atemzug und weist darauf hin, dass diese Annahme nichts mit der konkreten Realität in afrikanischen Ländern zu tun haben müsse. Ähnlich formuliert Bettina:

> »Also, es gibt im [Capoeira] Angola schon Charakteristiken, die *ich* persönlich mit Afrika assoziiere, die glaube ich nicht aus Europa kamen, so. (…) Also, die Art damit umzugehen, überhaupt mit so Energien umzugehen.. auch das Ritual, die selber zu produzieren oder zu verdichten, das ist für mich etwas, was aus Afrika kommt. Aber das ist jetzt nur so dahin gesagt.«

Sie bringt hier also den ritualhaften Charakter der Capoeira Angola mit deren afrikanischen Wurzeln in Verbindung, weist aber gleichzeitig darauf hin, das sei »jetzt nur so dahin gesagt.« An anderer Stelle formuliert sie, dass sie Spiritualität als etwas empfinde, was »in der hiesigen Kultur nicht gepflegt wird« (vgl. 5.2), und auch Eva schildert:

> »Das Spielen, die Energie, das ganze, was es [die Capoeira, SL] ausmacht, das lernst du so im Prozess. Und dieses Prozesshafte ist etwas, was in unserer Kultur und Lebenswelt nicht so stark gemacht wird, da geht es immer sehr viel darum, zielgerichtet schnell was zu erreichen, um Profitmaximierung – und das funktioniert nicht im Capoeira.«

Hier wird Capoeira also mit Aspekten charakterisiert, die explizit von der westlich-modernen Lebensweise unterschieden werden. Dass Bettina und Eva die Spiritualität und das »Prozesshafte« der Capoeira als etwas beschreiben, das »in unserer Kultur und Lebenswelt nicht so stark gemacht wird«, verweist auf das verbreitete Phänomen, bei ›fremden Kulturen‹ Elemente zu verorten, die man in der eigenen Kultur nicht verwirklicht sieht. Indem die Capoeira-Spieler/-innen gleichzeitig so deutlich hervorheben, dass es sich um »völlig unreflektierte, unwissende Assoziationen« handle, scheinen sie damit eine Art von kritischem *common sense* anzurufen, der pauschale Aussagen über ›Afrika‹ oder ›Brasilien‹

problematisiert. Dementsprechend relativieren sie ihre Aussagen, denen zufolge sie den rituellen und »tribalistischen« Charakter der Capoeira mit ›Afrika‹ in Verbindung bringen, da darin recht verbreitete Vorstellungen darüber anklingen, dass das Leben dort stärker von religiösen Ritualen und Musik geprägt sei.

Es soll hier nicht darum gehen, zu beurteilen, welche Anteile der Capoeira Angola ›tatsächlich afrikanisch‹ sind. Vielmehr interessiert im Zusammenhang dieser Arbeit die Tatsache, *dass* die Capoeiristas Aspekte dieser Praktik mit ›Afrika‹ in Verbindung bringen. Denn wie in der Literatur über Fremdbilder immer wieder diskutiert wird, haben derlei Annahmen weniger mit der konkreten Lebenswirklichkeit in anderen Ländern zu tun, als dass sie vielmehr auf Projektionen und Sehnsüchte bezüglich eines ›einfachen Lebens‹ oder der größeren Bedeutung von Ritualen verweisen. Mintz und Price stellen daher fest:

> »Assumptions, no matter how innocent, about what does and doesn't look (or does and doesn't feel) culturally ›African‹ continue to bedevil Afro-American studies« (Mintz/Price 1992: ix).

5.7 Die Abgrenzung von der Capoeira Regional – »Ich finde halt die Kommunikation der Körper in der *roda* und das Spiel miteinander schön, und das ist einfach beim Capoeira Angola ausgeprägter.«

Wie dieses Kapitel gezeigt hat, versehen die Freifurter Angoleiros die Capoeira mit höchst unterschiedlichen Bedeutungen: Sie ziehen aus ihr und den damit verbundenen ›philosophisch-spirituellen‹ Konzepten Anregungen zur Interpretation ihrer Lebensrealität, schätzen deren ritualhafte Aspekte sowie die damit verbundene Erfahrung von Gemeinschaft und Transzendenz und erleben den Kampftanz als etwas innerlich stärkendes sowie als Bereicherung für ihre persönliche Entwicklung.

Gleichzeitig sind all diese Aspekte ihnen zufolge in der Capoeira Angola stärker vorhanden als in der Capoeira Regional. So betonen fast alle der Freifurter Capoeiristas in den Interviews die Kommunikation zwischen den Spieler/-innen, der in der Capoeira Angola mehr Bedeutung zugemessen werde als in der Capoeira Regional, wo man »längst nicht so den Bezug zum Mitspieler« (Markus) habe. Letztere sei sehr stark auf Leistung und Konkurrenz ausgerichtet, wohingegen es in der Capoeira Angola mehr um ein »verspieltes, ruhiges und überlegtes Spiel« (Markus) gehe. Aus diesem Grund kritisieren viele Angoleiros die Capoeira Regional auch dafür, dass sie eher einem »Kampfsport« oder einer »akrobatischen Show« (Ariane) gleiche, während das Spiel in der Capoeira

Angola »viel mehr nach innen geht, man ist mehr mit sich selbst beschäftigt als damit, wie es nach außen wirkt« (Eva). Roberts Äußerung fasst diese verschiedenen Aspekte gut zusammen:

> »Wenn [in der Capoeira Regional, SL] viele Flic-Flacs und solche Sachen dazukommen, oder Menschen in Muskel-T-Shirts.. da hab ich einfach nicht so viel Spaß dran, also so Bodybuilding oder 'nen Turnsport daraus zu machen, sondern ich finde halt die Kommunikation der Körper in der *roda* und das Spiel miteinander schön, und das ist einfach beim [Capoeira] Angola ausgeprägter.«

Es geht mir hier nicht darum, etwas über den Charakter der Capoeira Regional auszusagen. Vielmehr lassen sich die Äußerungen der ACAD-Mitglieder als identitätsstiftende Grenzziehungen interpretieren. Kommt man dabei auf die Charakterisierung der Capoeira-*roda* als Ritual zurück (vgl. 5.1), lässt sich feststellen, dass die Angola-Spieler/-innen ihre Stilrichtung als verspielter, konzentrierter, ritualhafter, weniger gewalttätig, traditioneller und ›afrikanischer‹ beschreiben, wohingegen die Capoeira Regional in ihren Augen »against certain understandings of tradition« geht und als »inappropriate, profane, polluting« angesehen wird (Petridou 2009: 63). Ähnliches beobachtet Petridou bezüglich eines als ›traditionell‹ geltenden Tangostils:

> »What is considered to be polluting (profane) and threatening to the 'positive energy' (…) that is required for the process of transcendence, is the execution of figures by dancers who wish to show off either to their partner or to others.« (ebd.: 64)

In der Charakterisierung einer Sache als ›profan‹, ›unrein‹ oder ›verformt‹ schwingt gleichzeitig die Vorstellung mit, dass es demgegenüber eine ›reine‹ und ›authentische‹ Form gäbe. Entsprechend bringt auch Petridou die Betonung von Transzendenz und Ritualcharakter mit dem Diskurs der Authentizität in Verbindung, der ihr zufolge

> »draws a line between the sacred and the profane which becomes manifest in a series of binary oppositions, such as (…) transcendence vs. display, the collective vs. the individual, the few and the initiated vs. the mass and the ignorant.« (ebd.: 70)

Dieser Diskurs begleitet auch die Geschichte der Capoeira und spielt besonders bei der Abgrenzung zwischen den beiden Stilrichtungen eine große Rolle, wo es zur Bildung ähnlicher Binaritäten wie den von Petridou genannten kommt. Eine ›authentische‹ Capoeira Angola zeichnet sich demnach in den Augen ihrer ›Anhänger/-innen‹ durch die Betonung des ›Heiligen‹ aus, der in den in diesem Kapitel nachgezeichneten Aspekten zum Ausdruck kommt.

Wie Assunção (1999: 19) schreibt, führten die Auseinandersetzungen zwischen der Schule von Mestre Pastinha und derjenigen von Mestre Bimba (vgl. 2.3) bereits früh zu »viel Diskussion und Polemik«. Er führt aus:

> »Meister Bimba und seinen Schülern wurde (...) oft vorgeworfen, die ›wahre‹ Essenz der Capoeira verraten zu haben. Kritiker hielten der Capoeira Regional vor, ›unbrasilianische‹, d.h. Elemente der asiatischen Kampfkünste in die Capoeira eingeführt zu haben. Deren aggressiverer Stil beraube die Capoeira ihrer afro-brasilianischen ›Authentizität‹.« (ebd.)

Teile dieser Beschreibung lassen sich im heutigen Diskurs vieler Angoleiros wiederfinden, etwa die Betonung der afro-brasilianischen Wurzeln oder die Ablehnung gewalttätiger Spiele. Dennoch verändern sich die Vorstellungen darüber, was die ›Essenz‹ einer ›authentischen‹ und ›traditionellen‹ Capoeira Angola ausmacht. Wie in diesem Kapitel gezeigt wurde, macht die Betonung des ritualhaften Charakters der Capoeira Angola zur Zeit einen zentralen Aspekt der Vorstellung ihrer ›Essenz‹ aus.

Im folgenden Kapitel werde ich die Frage nach dem Umgang mit Authentizität und Tradition vertiefen. Dabei wird sich zeigen, dass die Betonung des Ritualcharakters auch als Versuch gelesen werden kann, die Komplexität und Vielschichtigkeit von Capoeira zu fassen. Darüber hinaus wird es darum gehen, welche Rolle die ›Aura‹ der Authentizität bei der Verbreitung von Capoeira Angola außerhalb Brasiliens spielt. Den in diesem Kapitel nachgezeichneten gebrochenen Bezug auf die Geschichte und Tradition des Kampftanzes deute ich dabei als Ausdruck von Hybridität und Folge jenes Übersetzungsprozesses, der die Interpretation von Capoeira hierzulande ausmacht.

6 Capoeira Angola im Spannungsfeld von Authentizität und Hybridität

Nachdem der vorige Abschnitt versuchte, durch einen »Einblick in die Binnenperspektive« (Voss 2004: 19) Antworten auf die Frage danach zu geben, warum die ACAD-Mitglieder Capoeira Angola spielen und worin für sie deren Faszination besteht, will ich im Folgenden allgemeiner diskutieren, welche Veränderungen die Praktik im Zuge ihrer Wanderung erfährt und analysieren, inwiefern die Capoeira Angola sich heute zwischen den Polen Authentizität und Hybridität bewegt.

Ich lege dabei den Fokus auf dieses Spannungsfeld, da es dazu geeignet ist, die widersprüchlichen Prozesse zu erfassen, die die Capoeira Angola prägen: Während einerseits dem Bezug auf die Tradition und Geschichte des Kampftanzes eine wichtige Rolle zukommt, erfolgt diese Bezugnahme auf Vorstellungen von Authentizität gleichzeitig nicht lückenlos und ungebrochen. Vielmehr kommt es an vielen Punkten zu einer Neuinterpretation sowie der Anerkennung, dass die Praktik sich stets verändert und weiterentwickelt. Diese vielschichtigen Entwicklungen können als Ausdruck von Hybridität gelesen werden.

Nach einer Einführung in die beiden Konzepte wird es darum gehen, diese auf den Gegenstand der Arbeit anzuwenden. Die synoptische Polyphonie aus Kapitel 5 wird somit hier ergänzt durch eine analytisch-ordnende Perspektive.

6.1 Einführung in das Begriffsfeld

6.1.1 Authentizität

Authentizität wird in ganz unterschiedlichen Kontexten, aber zumeist mit rechtfertigender Funktion, bemüht. Für meine Zwecke ist zum einen die Vorstellung von Authentizität auf einer individuell-philosophischen Ebene relevant sowie zum anderen im Sinne einer kulturell-wertenden Kategorie.

Ersterem Verständnis nach ist Authentizität ein Ideal der abendländischen Philosophie, demzufolge »der Mensch die Sinnhaftigkeit seines Lebens aus der Kenntnis des eigenen Ich [erfährt]« (Breidenbach/Zukrigl 2000: 165). Dabei wird Authentizität als ein zentraler Pfeiler im Selbstverständnis jedes Individuums verstanden – eine Vorstellung, die Handler zufolge ein eminent modernes Phänomen ist:

> »this idea of the part, unit, or individual asserting itself against the rest of the world as a locus of ultimate meaning and reality underlies modern notions of authenticity.« (Handler 1986: 3)

Bestimmte früher die göttliche Vorsehung oder die Zugehörigkeit zu einer sozialen Klasse die gesellschaftliche Position einer Person, verlagerte sich die Verantwortung dafür in der Moderne in das Individuum und seine ›Natur‹ hinein:

> »[O]nce it became important to focus on the individual self apart from social status or position in the divine hierarchy, people were led to ask about the congruence between one's outer position, or the role one played, and one's inner or true self.« (ebd.)

Im Zuge dessen erlangte die Vorstellung eines authentischen inneren Selbst an Bedeutung, das zu kennen sinnstiftend und Aufgabe eines jeden Menschen sei.

Im zweitgenannten Kontext ist Authentizität eine zentrale Eigenschaft, nach der kulturelle Phänomene bewertet und eingeordnet werden. Handler zufolge findet sich diese Vorstellung von kultureller Authentizität vor allem in nationalistischen Ideologien sowie in der Ethnologie:

> »Thus nationalist ideologies as well as anthropological thought attach authenticity to cultures just as the larger 'consumer culture' that we live in attaches it to individual human beings.« (ebd.: 2)

Dass ethnologische Autor/-innen sich bisweilen unkritisch gegenüber dem Thema verhalten, wurde bereits am Ende des ersten Kapitels kurz thematisiert. Breidenbach und Zukrigl stellen fest, dass das Konzept der ›Authentizität‹ gerade auch im Zuge der Globalisierung an Bedeutung gewonnen habe:

> »Mit der zunehmenden Vernetzung der Welt und den vermehrten Fremdeinflüssen wird Authentizität zum Schlüsselthema und spielt bei der Bewertung von Kulturen eine maßgebliche Rolle.« (Breidenbach/Zukrigl 2000: 165)

Den Autorinnen zufolge wird dabei Authentizität häufig als eine Eigenschaft ›fremder‹ Kulturen konzipiert, die darin zum Ausdruck komme, dass sich das Leben dort ›ganzheitlich‹ und ›im Einklang mit der Natur‹ gestalte, wohingegen die eigene Kultur als unauthentisch, entfremdet und verformt gedacht werde:

> »In dieser Vision haben ›wir‹ im Westen diesen Entwicklungsabschnitt mit der Moderne hinter uns gelassen, die ›anderen‹ sind heute von der Entzauberung bedroht. In der ›holistischen Lebensweise‹ der anderen gibt es die Entfremdung der Moderne noch nicht« (ebd.: 166).

Ganz abgesehen davon, dass damit jene ›anderen‹ in einer früheren Zeitepoche verortet werden und somit ausgeblendet wird, dass sie Teil der aktuellen, modernen Welt sind[69], stellt sich dabei grundsätzlich das Problem, dass diese Sichtweise von homogenen und geschlossenen kulturellen Einheiten ausgeht, die kei-

[69] Die Kritik an dieser Vorstellung hat Fabian in seinem Werk »Time and the other« (1983) für die Ethnologie besonders prägnant herausgearbeitet.

nerlei ›Fremdeinflüssen‹ ausgesetzt gewesen seien. Aus diesem Grund beschreibt Ortner (1995: 176) Authentizität als einen problematischen Begriff, »insofar as it seems to presume a naive belief in cultural purity, in untouched cultures whose histories are uncontaminated by those of their neighbors or of the west.« Vielmehr sei letztlich jeder Versuch einer Herstellung von ›Reinheit‹ oder ›Authentizität‹ eine Form von »locally and historically evolved bricolage« (ebd.).

Bruner (1994: 403) untersucht in seinem Artikel, wie sich diese *bricolage*[70] vollzieht und betont dabei, wie stark diese von Konflikten und Aushandlungsprozessen geprägt ist, weshalb er sie mit dem Satz zusammenfasst: »Authenticity is a struggle.« Er analysiert diesen Kampf am Beispiel des Freilichtmuseums *New Salem* im US-Bundesstaat Illinois, das als »authentic reproduction« (ebd.: 398) der historischen Kleinstadt Salem bezeichnet wird und zeichnet nach, welchen Veränderungen diese Vorstellung im Verlauf der Jahrzehnte unterliegt: »Standards change, and what any era considers authentic moves in and out of consciousness.« (ebd.: 402) Damit ordnet er sich der konstruktivistischen Schule zu, die Tradition und Kultur als ›Erfindung‹ versteht (vgl. ebd.: 407). Was in diesem Prozess als authentisch anerkannt wird, ist jeweils auch eine Frage der Deutungsmacht und -hoheit, wobei Bruner diesbezüglich keine binäre Trennung zwischen gesellschaftlichen Eliten und dem ›einfachen Volk‹ sieht, sondern vielmehr

> »multiple competing voices, even within what may appear to be such homogeneous blocks as the scholars, the people, the locals, or the establishment. There are many different views, and the question is, Who has the authority to decide which version of history will be accepted as the correct or authentic one (...)?« (ebd.: 400f)

Als eine zentrale Funktion von Authentizität beschreibt er dabei den Versuch, »to fix history, to solidify and to simplify it« (ebd.: 403), wobei er jedoch gleichzeitig hervorhebt, dass dieser Prozess niemals abgeschlossen sein kann. In Bezugnahme auf Clifford Geertz' bekanntes Diktum »It is the copying that originates« fordert Bruner daher, die Unterscheidung von Original und Reproduktion gänzlich zu verwerfen:

> »We could say that the 1990s New Salem is an original because each reproduction in the process of emerging constructs its own original – or better yet, as I advocate in this essay, we could just abandon the distinction.« (ebd.: 407)

70 Vgl. dazu auch Fußnote 5.

Die Rede von Ursprung und Reproduktion, von Authentischem und Unauthentischem, so Bruner (ebd.: 409), lasse außer Acht, »that both are constructions of the present.« Hutson argumentiert daher in Anlehnung an Bruner,

> »that scholars should not criticize authenticity in the sense of fidelity to an original model because all cultures are caught in a process of copying and reinventing themselves. Instead, scholars should attend to authenticity as it is constructed by informants, particularly when competing segments of society call it into question in the context of uneven power relations«. (Hutson 2000: 46)

Für Ethnolog/-innen bedeutet das, sich die Suche nach Authentizität nicht anzueignen, sondern zu analysieren, wie ihre Gesprächspartner/-innen diese für sich konstruieren und dabei besonders darauf zu fokussieren, inwiefern dieser Kampf um Authentizität von Machtbeziehungen bestimmt ist.

6.1.2 Hybridität

Im Zuge der Problematisierung von Authentizität und Essenzialismus fand ungefähr ab den 1980er Jahren ein grundlegender Wandel in den Sozialwissenschaften statt. Dabei verlagerte sich in Bezug auf Identitäten und Kulturen der Schwerpunkt weg von der Vorstellung homogener und abgeschlossener Einheiten, hin zu einer Betonung des »Unreinen und Vermischten« (Ha 2010). Kapchan und Strong beschreiben diesen Wandel mit einem Zitat von Victor Turner, der 1982 anmerkte: »what was once considered ›contaminated‹, ›promiscuous‹, ›impure‹ [was] becoming the focus of postmodern analytical attention« (Turner 1982: 77, zitiert in Kapchan/Strong 1999: 239).

Diese Phänomene und Prozesse wurden u.a. mit Begriffen wie ›Kreolisierung‹ (Hannerz 1987, 1997) oder ›Melange‹ (Nederveen Pieterse 1998) sowie unter Rückgriff auf ›Klassiker‹ der Ethnologie als ›Synkretismus‹ (M. Herskovits) oder ›Bricolage‹ (C. Lévi-Strauss) beschrieben (vgl. Kapchan/Strong 1999: 240f). Letztlich setzte sich jedoch Hybridität als populärstes Konzept durch, was Kapchan und Strong nicht zuletzt mit »practices of citation in academic disciplines« erklären, die laut den Autor/-innen zur Folge hatten, dass das Konzept der Kreolisierung vor allem in der sprachwissenschaftlichen Forschung Anwendung fand, wohingegen die Arbeiten über Hybridität »cross-disciplinary« sind und so verschiedene Aspekte behandeln wie »popular culture, media, immigrant populations, subaltern studies, and history, as well as expressive culture« (ebd.: 242). Hybridität biete diesen »a unique analytical vantage point on the politics of culture by acknowledging the intricate and complex weave of any heterodox and heteroglossic community« und finde insbesondere dort Anwendung, wo es um die Frage gehe, »how newness enters the world« (Bhabha 1994, zitiert ebd.).

Dabei stellt Hybridität selbst kein neues Konzept dar. Vielmehr hat es eine längere und wechselvolle Geschichte hinter sich, die hier kurz skizziert sei.

Die Ursprünge des Begriffs finden sich in der Biologie, wo »[t]he offspring of two animals or plants of different species or (less strictly) varieties« (Oxford English Dictionary, zitiert ebd.: 240) als Hybrid bezeichnet wird. In diesem Sinn fand im Rahmen evolutionistischer Rassentheorien lange Zeit auch eine Übertragung des Konzepts auf Menschen und Nationen statt. Unter Bezugnahme auf diese Theorien beschäftigte gerade in den jungen lateinamerikanischen Nationalstaaten des 19. Jahrhunderts viele Intellektuelle die Frage, ob die ›hybride‹ Natur ihrer Bevölkerung als Segen oder als Fluch zu interpretieren sei.[71] Aufgrund dieser biologistisch-rassistischen Konnotation sehen einige Autor/-innen die Übertragung des Hybriditätskonzepts auf kulturelle Phänomene heute ambivalent (vgl. Kapchan/Strong 1999: 240) oder lehnen dies ganz ab (z.B. Assunção 2005b: 161).

Ein ganz anderes Feld, auf dem das Konzept der Hybridität ab Beginn des 20. Jahrhunderts Anwendung fand, ist die Semiotik. Der wichtigste Vertreter diesbezüglich ist Mikhail Bakhtin, in dessen Theorie des Romans die Kategorie des Hybriden eine zentrale Rolle spielt. Bakhtin versteht dabei unter Hybridität »the coexistence of two languages, two linguistic consciousnesses, even within a single utterance; commenting on one another, unmasking each other, entailing contradiction, ambiguity, irony« (Hannerz 1997: 13). In Verbindung mit den Konzepten Dialogizität und Polyphonie analysiert Bakhtin damit literarische Texte und hebt nicht auf die »Minderung von Widersprüchen und Differenzen« ab, sondern vielmehr auf »die ›Möglichkeit der Koexistenz‹, und das ist für ihn ausdrücklich die ›Möglichkeit des Neben- oder Gegeneinander‹« (Sieber 2003: 209). Somit folgt das Hybride bei Bakhtin nicht einer Logik des Entweder-Oder, sondern vielmehr einer Logik des Sowohl-als-auch (vgl. Schneider 1997: 20).[72]

Damit ist bereits die Richtung angedeutet, in die sich das Hybriditätskonzept im Rahmen postkolonialer Theorieansätze weiterentwickelte.[73] Wie Sieber feststellt, ist dabei

> »der Begriff der Hybridität vor allem mit dem Denken Homi Bhabhas verbunden, wo die Bachtinsche Idee der Dialogizität, Offenheit und Wechselwirkung in die Konzepte der Performativität von Identitäten und des ›drit-

---

71 In Brasilien führte dies zur Entstehung des in Kapitel 2.3 beschriebenen *mestiçagem*-Diskurses. Für eine ausführliche Darstellung vgl. Costa (2007: 177-222).

72 Für einen Überblick der zentralen Konzepte Bakhtins vgl. auch Schneider (ebd.: 20-28).

73 Für einen allgemeinen Überblick zu postkolonialen Theorien sei insbesondere Castro Varela/Dhawan (2005) empfohlen.

ten Raumes des Aussprechens (enunciation)‹ überführt werden, in dem alle kulturellen Konstruktionen verhandelbar sind [und] ›kulturelle Identitäten in eine diskontinuierliche intertextuelle Zeitlichkeit kultureller Differenz‹ (Bhabha 1994: 38) übersetzt werden können.« (Sieber 2003: 209)

Bhabha wendet das Konzept der Hybridität insbesondere auf den kolonialen Kontext an, indem er den Blick auf die Widersprüche und Ambivalenzen im Verhältnis von Kolonisierten und Kolonisatoren richtet, die sich aus den komplexen gegenseitigen Grenzziehungen, Nachahmungen, Widerständen und Begehren ergeben.[74] Diese produzieren

> »eine kulturelle Hybridität, in der das Doppel aus Abspaltung und Identifikation auf beiden Seiten der undefinierbaren und instabilen Grenzlinie eingeschrieben ist. Das paradoxe Ergebnis ist, dass der koloniale Diskurs sich selbst in Frage stellt, indem er ›unreine Vermischungen‹ erschafft, die zwar nicht mit der Kolonialmacht identisch, aber ihr zum Verwechseln ähnlich sind« (Ha 2005: 87).

Durch eine solche Lesart der kolonialen Verhältnisse gelingt es Bhabha aufzuzeigen, dass diese nicht von einer totalen Machtasymmetrie geprägt waren, sondern dass es vielmehr durch die »Wiederholung und gleichzeitig[e] Entstellung dominanter Diskurse« (ebd.) zur Subversion, Verunreinigung und Umdeutung der vermeintlichen Hegemonie der Kolonisierenden kam. Damit erschüttert er

> »zutiefst die Forderung, die im Zentrum des Ursprungsmythos der kolonialen Macht steht. Diese Forderung besagt, der Raum, den diese Macht einnimmt, müsse unbegrenzt sein, ihre Realität *koinzident* mit dem Entstehen einer imperialistischen Erzählung und Geschichte, ihr Diskurs *nichtdialogisch*, ihre Artikulation *einheitlich* und unbefleckt von der Spur der Differenz.« (Bhabha 2000: 171, Hervorhebungen i.O.)

Allgemeiner gesprochen geht es ihm also bei der Untersuchung solcher Hybridisierungsprozesse nicht um eine »harmonische und ästhetische Form ›kultureller Vermischung‹« (Ha 2005: 87), sondern vielmehr um die

> »Möglichkeit, das kulturelle Feld gegen hegemoniale Kräfte für Marginalisierte zu instrumentalisieren, wodurch der koloniale Rahmen überschritten und neue Assoziationen und Bedeutungen geschaffen werden, die Eindeutigkeit in Zwiespalt verwandelt.« (ebd.: 87f)

Indem er die Uneindeutigkeit, Zwiespältigkeit und Widersprüchlichkeit dieser Prozesse betont, distanziert sich Bhabha außerdem von einem Verständnis von

---

74 Vgl. dazu z.B. in Bhabha (2000) die Aufsätze »Die Frage des Anderen: Stereotyp, Diskriminierung und der Diskurs des Kolonialismus« und »Von Mimikry und Menschen: Die Ambivalenz des kolonialen Diskurses«.

Kultur, das von abgeschlossenen, in sich homogenen Einheiten ausgeht. Entsprechend stützt sich auch seine Metapher eines »dritten Raumes« (*third space*) auf eine Perspektive, die

> »den Weg zur Konzeptualisierung einer *inter*nationalen Kultur weisen könnte, die nicht auf der Exotik des Multikulturalismus oder der *Diversität* der Kulturen, sondern auf der Einschreibung und Artikulation der *Hybridität* von Kultur beruht. Dabei sollten wir immer daran denken, daß es das ›inter‹ – das Entscheidende am Übersetzen und Verhandeln, am Raum *dazwischen* – ist, das den Hauptanteil kultureller Bedeutung in sich trägt. Dadurch wird es uns möglich, Schritt für Schritt nationale, anti-nationalistische Geschichten des ›Volkes‹ ins Auge zu fassen. Und indem wir diesen Dritten Raum erkunden, können wir der Politik der Polarität entkommen und zu den anderen unserer selbst werden.« (Bhabha 2000: 58, Hervorhebungen i.O.)

Dieser *third space* zeichnet sich dadurch aus, dass darin »Transformation oder Transgression möglich ist, indem sich binäre kulturelle Codes verändern können und etwas Neues entstehen kann« (Klein 2009a: 26).

Postkoloniale Hybriditätskonzepte distanzieren sich also explizit von der Vorstellung einer harmonischen Vermischung zuvor homogener Kulturen und fokussieren stattdessen auf die widersprüchlichen und komplexen Prozesse kultureller Übersetzung (zu Übersetzung/Translation vgl. 6.3.1). Alfonso de Toro fasst dieses Verständnis mit den Worten zusammen, dass

> »es sich bei der Hybridität nicht um tradierte, kanonisierte Phänomene handelt, also nicht um simple Vermischungen, gleichgültig wie komplex diese sein mögen. Im kulturellen, gesellschaftlich-anthropologischen Bereich handelt es sich um einen Zustand der permanenten Reibung, Irritation oder Unordnung, die wir wertfrei ‚Aushandeln der Differenz' genannt haben.« (Toro 2002: 36)

Dieses Aushandeln erfolgt dem Autor zufolge vor allem »an den zentralen Schnittstellen oder Rändern einer Kultur (…), wobei unter Rändern nicht unbedingt die ›marginados‹ zu verstehen sind, sondern die Artikulation neuer kultureller Formationen« (ebd.: 34). Dabei kommt es zwangsläufig zu Paradoxien und Widersprüchlichkeiten, da ein solches Aushandeln nicht über bloße dichotome Gegenüberstellungen funktioniert. De Toro führt aus:

> »Die ‚Identität', das ‚Authentische' wird an der Grenze, in der Vielfalt der Ränder und an den Schnittstellen kultureller Kreuzungen (nicht durch Oppositionen, sondern Prädikate wie dort, da, hier, dazwischen, gleichzeitig) ausgehandelt: Man lebt in verschiedenen Welten, in einem Dazwischen, einem extra-territorialen Raum« (ebd.).

Diese Gleichzeitigkeiten und Widersprüche hat Néstor García Canclini in Bezug auf den lateinamerikanischen Kontext in seinem Werk »Hybrid Cultures« (1995) als »multitemporal heterogeneity« (ebd.: 3) bezeichnet. Er sieht diesen »Zeitmix« (Sieber 2003: 123) jedoch weder als einen spezifisch lateinamerikanischen Zustand noch als einen Ausdruck von Rückständigkeit an. Vielmehr ist er das »Resultat der Sedimentation, Nebeneinanderstellung und Durchkreuzung indigener Traditionen (...), des kolonialen katholischen Hispanismus und moderner politischer, edukativer und kommunikativer Aktionen« in den heutigen lateinamerikanischen Ländern (Canclini 1990: 71, zitiert ebd.). Entsprechend finden sich dort »[t]rotz der Bestrebungen in den oberen gebildeten Bevölkerungsschichten, sich ein ›modernes Profil‹ zu geben und die indigenen und kolonialen Elemente als populär abzuwerten, (...) in allen Bevölkerungsschichten durch eine zwischen den Klassen stattfindende Mestizierung ‚hybride Formationen'« (ebd.).

Damit wird auch die binäre Unterscheidung von Tradition versus Moderne als spezifisch moderner Diskurs des ›Zentrums‹ entlarvt, der eine eindeutige Trennung zwischen europäischer Moderne und außereuropäischer Vormoderne suggeriert. Mit Sieber kann man diesbezüglich

> »von einer binären Erzählform ‚Moderne vs. Tradition' sprechen, von der, ähnlich wie dies Stuart Hall in Bezug auf den kolonialen Diskurs formuliert, ›[...] die querlaufenden (transverse), transnationalen, transkulturellen Bewegungen, die immer in die Geschichte [...] eingeschrieben waren, sorgfältig überschrieben worden waren [...].‹ (Hall 1996: 251)« (ebd.: 117).

Die Spuren dieser Zwischen-Bewegungen werden erst durch eine solche Kritik der irreführenden Binaritäten freigelegt. Indem das postkoloniale Hybriditätskonzept also – ähnlich wie das Bachtinsche – statt auf dichotome Kategorien auf die komplexe Vielschichtigkeit, das Sowohl-als-auch kultureller Prozesse fokussiert, fügt es sich in eine postmoderne Theorielandschaft ein (vgl. dazu Schneider 1997: 42-47). So beschreibt Ha:

> »Alternativ zu den tradierten Ideen der europäisch geprägten Moderne baut Hybridisierung nicht auf ausschließlichen Prinzipien wie Singularität und Totalität auf, sondern geht von einer irreduziblen Differenz und Uneinheitlichkeit aus. Statt mit ausschließenden Gegensatzpaaren und binären Mustern zu operieren, werden liminale Konzepte der Grenzauflösung und third spaces favorisiert. Mit dem Wandel der Wahrnehmungsweise ist eine Neuorientierung verbunden, die statt von der fiktiven Bewahrung imaginärer Einheit und Authentizität nun von der Dynamik der Vermischung ausgeht.« (Ha 2010: 212).

Dies impliziert jedoch weder ein naives ›Abfeiern‹ dieser Dynamik noch jene berüchtigte ›postmoderne Beliebigkeit‹, sondern schärft den Blick dafür, *wie* diese Prozesse sich konkret ausgestalten. Schneider stellt daher fest:

> »Eine solche Logik entlastet keineswegs von der kognitiven Arbeit des Unterscheidens, ohne die Erkenntnis nicht möglich ist; sie macht aber deutlich, daß das Denken in Alternativen und die Option für eine der beiden Seiten eine Wahl und Entscheidung ist, die weder logisch zwingend noch naturgegeben ist. Gegensätze zwischen schwarz und weiß, männlich und weiblich, selbst und anders, Geist und Körper, West und Ost, Objektivität und Subjektivität, Original und Kopie werden nunmehr als Konstrukte und damit als (…) beobachterabhängige Unterscheidungen und damit eben auch als veränderbare deutlich.« (Schneider 1997: 45f)

In diesem Sinne möchte ich im Folgenden das Konzept der Hybridität verwenden: nicht als einfache ›Vermischung‹, sondern als paradoxe Entfaltung und Aneignung, in deren Verlauf sich alle beteiligten Elemente wechselseitig beeinflussen und konstituieren.

Die beiden vorgestellten Konzepte sollen nun auf meinen Gegenstand angewandt werden. Deswegen komme ich zunächst auf die Frage der Authentizität zurück und übertrage sie auf den Kontext der Capoeira Angola.

6.2 Authentizität als strittige Ressource

Wie in dieser Arbeit bereits mehrfach deutlich wurde, lässt sich allgemein feststellen, dass die Capoeira-Welt »durchzogen ist von Spannungen und Konflikten, die sich an der Frage der Authentizität festmachen« (Fonseca 2008: 2). Vor dem Hintergrund des oben skizzierten Verständnisses von Authentizität will ich mich nun der Frage zuwenden, welche Rolle dieser Aspekt in der Capoeira Angola spielt und inwiefern im Prozess ihrer Globalisierung Authentizität als eine zentrale ›Ressource‹ angesehen werden kann. Dazu werde ich das Konzept zunächst an Hand des historischen Bedeutungswandels der Capoeira illustrieren und sodann aufzeigen, wie sich die ACAD-Mitglieder auf die Tradition des Kampftanzes beziehen.

6.2.1 Historische Veränderungen – Von der Kriminalisierung zum nationalen Kulturerbe

Um aufzuzeigen, dass sich die Vorstellungen darüber, was den Kern der Capoeira ausmacht, im Lauf der Jahrzehnte stetig veränderten, sei nochmals kurz skizziert, welchen Veränderungen und Einflussnahmen die Praktik selbst im Verlauf ihrer Geschichte unterlag (vgl. dazu ausführlicher Kapitel 2). In Brasilien muss die Entwicklung der Capoeira dabei vor dem Hintergrund eines postkolonialen Nationalstaats im Prozess der Modernisierung gesehen werden. In diesem Kontext veränderte sich die Einstellung des brasilianischen Staates gegenüber dem afro-brasilianischen Kampftanz seit dem 19. Jahrhundert entscheidend. War diese lange geprägt von Repression und Kriminalisierung, die »mit dem Verweis auf den ›barbarischen‹, sprich afrikanischen Charakter der Kunst« gerechtfertigt wurde, unterstrich ab dem frühen 20. Jahrhundert ein nationalistisch geprägter Diskurs »im Gegensatz dazu den brasilianischen Charakter der Kunst und assoziiert[e] den Capoeirista in der Regel mit dem ›Mulatten‹, als Archetyp des entstehenden typischen Brasilianers« (Assunção 1999: 5). Im Zuge dessen wurde die Capoeira zur »nationalen Gymnastik« erklärt – ein Unterfangen, »das seit den 1930er Jahren auch Unterstützung von nationalistisch gesinnten Militärs und Politikern genoss« (ebd.: 6). Ebenfalls in den 1930er Jahren – und im Zuge der ›Wiederentdeckung‹ und ›Reafrikanisierung‹ der Capoeira Angola verstärkt wieder ab den 1980er Jahren – gewann ein Narrativ an Prominenz, das Assunção (ebd.) als »ethnische[n] Diskurs« bezeichnet: Dieser »hebt den afrikanischen Ursprung und Charakter der Capoeira hervor und bevorzugt den entflohenen schwarzen Sklaven als Archetyp des Capoeirista.« Dass in der Folge die Capoeira Angola an Akzeptanz gewann, war zum einen den gesamtgesellschaftlichen Veränderungen zu verdanken, die wesentlich von den Kämpfen der Schwarzenbewegung für die Rechte der afro-brasilianischen Bevölkerung beeinflusst waren. Zum anderen hing diese Entwicklung jedoch auch damit zusammen, dass sich die Capoeira gut in das Narrativ eines multikulturellen Staates einfügte, in dessen Rahmen verschiedene afro-brasilianisch geprägte Kulturphänomene wie Samba oder Karneval zu ›genuin brasilianischen‹ stilisiert wurden. Damit veränderte sich in den letzten Jahrzehnten das Bild des Capoeirista weg vom *malandro** hin zum *agente cultural* (vgl. 3.1), wie dies Mestre Rogerio im Interview schildert:

> »Dieser Respekt [gegenüber Capoeira-Mestres, SL] ist in Brasilien heute *viel* besser als vor 20, 30 Jahren. Es gab keinen Respekt, beziehungsweise Respekt schon, weil man dachte, dass der Capoeirista zwanzig oder zehn Leute verprügelt hatte, nicht wahr, es gibt diesen Mythos. Aber es gab nicht diese Akzeptanz, denn Capoeirista zu sein war gleichbedeutend damit, *malandro* zu sein. Das hat sich verändert, weil die Gesellschaft heute viel besser informiert ist als früher. Daher hat sich die Akzeptanz des Capoeira-Mestre in der Gesellschaft verbessert, er wird nicht mehr als ein Marginalisierter angesehen, sondern als ein Kulturvermittler (*agente cultural*).«

Dieser Wandel fand im Jahr 2008 seinen Ausdruck darin, dass die Capoeira zum immateriellen nationalen Kulturerbe Brasiliens erklärt wurde (vgl. 2.4). Darin drückt sich das Bestreben aus, von Seiten des Staates ›authentische‹ brasilianische Kultur zu fördern und gleichzeitig in gewisser Weise festzuschreiben – ein Unterfangen, das Bruner (1994: 403) wie bereits oben zitiert als den Versuch beschreibt, »to fix history, to solidify and to simplify it.« Da an diesem Prozess jedoch auch die Capoeira-Mestres verschiedener Schulen, brasilianische und ausländische Capoeiristas, Wissenschaftler/-innen, Tourismusabteilungen etc. beteiligt sind, ist der brasilianische Staat dabei lediglich einer von vielen verschiedenen Akteuren, die um die Deutungshoheit über die Capoeira kämpfen. Deshalb gilt – um nochmals Bruner (ebd.) zu zitieren –: »Authenticity is a struggle.«

Für die Entwicklung der Capoeira in jüngerer Zeit ist deren seit 1980 zunehmende Verbreitung und Popularität im Ausland entscheidend. Diese Prozesse beeinflussten die komplexen und widersprüchlichen Aushandlungsprozesse innerhalb Brasiliens und trugen dazu bei, dass der Kampftanz dort an Anerkennung gewann. Interessanterweise waren es dabei Willson (2001: 35) zufolge gerade die maßgeblich an der Reafrikanisierung der Capoeira Angola beteiligten Mestres wie Moraes oder João Pequeno, durch deren Arbeit »capoeira angola has become increasingly popular overseas.« Eine ›afrikanisch-traditionell‹ geprägte Capoeira schien also in den USA und Europa ›einen Nerv zu treffen‹ zu jener Zeit, die Sieveking (2006: 69) als »Afro-Boom-Phase« charakterisiert und Klein (2009a: 16) als von der Suche nach einer »neuen Innerlichkeit« geprägt beschreibt. Die ›Authentizität‹ der Capoeira Angola als afro-brasilianische Kultur kann dabei als eine Ressource beschrieben werden, die ihre weltweite Ausbreitung begünstigte, da dieser Faktor im globalen Norden ›gut ankam‹.

Wie in Kapitel 3.1 dargestellt, gehört dazu auch das Bild der Capoeira als Widerstandsinstrument. Die Analyse der Freifurter ACAD-Gruppe in dieser Arbeit hat allerdings gezeigt, dass für deren Bezug auf Widerstand (vgl. 5.5) und Authentizität weniger die ›Reinheit‹ des Kampftanzes zentral ist. Vielmehr kommt es zu einer Umdeutung: Die Capoeira wird vor dem Hintergrund ihrer Geschichte als Möglichkeit der persönlichen Selbstentfaltung und innerlichen Stärkung interpretiert – was auf die Suche nach individueller Authentizität verweist.

6.2.2 Der Bezug auf die Tradition – »Über welche verdammte Tradition reden wir?«

So deutet die Rede von der »neuen Innerlichkeit« auf eine hierzulande verbreitete Sehnsucht nach individueller Authentizität hin, die sich in der Suche nach »one's inner or true self« (Handler 1986: 3) ausdrückt. Diese Vorstellung einer authentischen Selbsterfahrung taucht auch bei den Freifurter Capoeiristas immer wieder auf, wenn diese schildern, in der *roda* tranceähnliche Zustände zu erleben (vgl. 5.2).

Dass bei dieser Suche gerne auf ›fremde Kulturen‹ zurückgegriffen wird, wirft die Frage auf, welche Rolle dabei exotisierende und romantisierende Vorstellungen von ›Afrika‹ oder ›Brasilien‹ spielen (vgl. auch 5.6). Derlei lässt sich in der Capoeira-Welt immer wieder finden – so zum Beispiel, wenn der ritualhafte Charakter der Capoeira Angola mit deren afrikanischen Wurzeln in Verbindung gebracht wird, wenn das Tanzen im Kreis als etwas »tribalistisches« beschrieben wird oder wenn betont wird, dass in ›traditionellen‹ Kulturen mehr Wert auf Gemeinschaft gelegt werde, wie dies Charlotte schildert:

> »Hier in Deutschland habe ich so bisschen das Gefühl, es ist unser Hunger nach dem Unbekannten, Fremden. Ich finde, das passiert mit ganz vielen so alten, traditionellen Geschichten, also Capoeira, Aikido und so.. Ich habe im Moment den Eindruck, dass das ziemlich boomt, vielleicht aus so 'nem Hunger heraus nach etwas, was einem Halt gibt, was einem irgendwie diese Familie gibt, wir sind ja immer mehr Einzelgänger.. Also ich weiß nicht, es ist nur so 'ne Idee, dass dann so Kulturen auch plötzlich wichtig sind, weil da ja häufig sowas vermittelt wird, so 'ne Gemeinschaft und dass man so ein Ding im Mittelpunkt hat, was einen irgendwie ausfüllt und so.. Und ich glaube in 'ner Gesellschaft, die sich zunehmend auf die Singularität der einzelnen Personen richtet und auch zunehmend die Scheuklappen aufsetzt, ist das was, wonach viele 'nen Hunger haben.«

Hier zeigt sich recht deutlich das Bild, demzufolge Capoeira als »alte, traditionelle Kultur« sinnstiftend wirken könne, da die hiesige Gesellschaft so stark von Individualismus geprägt sei, dass viele einen »Hunger« nach »Gemeinschaft« verspürten. Ähnlich schildert Schwendemann den Bezug esoterischer Gruppen auf ›fremde Kulturen‹:

> »Indigene Praktiken aus dem Trikont, Versatzstücke fernöstlicher Religion und archaische, gerne auch ›alteuropäische‹ Traditionen dienen esophilen Männern und Frauen als Projektionsflächen. (…) Ausgesperrte Sehnsüchte (…) nach einer besseren oder anderen Welt werden in die Fremde(n), in das Andere projiziert«. (Schwendemann 2003: 33)

Wie in Kapitel 5.6 ausgeführt wurde, ist im Kontext der Capoeira Angola die Bezugnahme auf Afrika verbreitet, und auch in der ACAD finden sich bisweilen exotisierende Tendenzen und Afrikabilder. Gleichzeitig erfolgt diese Bezugnahme relativ ›vorsichtig‹ und wird von den Capoeiristas auch immer wieder relativiert. Es wäre daher zu kurz gegriffen, das von den Capoeira-Spieler/-innen beschriebene Gefühl persönlichen Zu-sich-selbst-Findens in der *roda* sowie generell die Faszination der Capoeira Angola als eine bloße Projektion ›ganzheitlichen‹ Erlebens auf fremde Kulturen zu interpretieren. Vielmehr erfolgt der Bezug auf die afrikanischen Wurzeln sowie allgemeiner auf die ›Tradition‹ der Capoeira Angola gebrochener und weniger eindeutig, als dies Autor/-innen wie

Vassallo betonen (vgl. z.B. 2006, 2009) und auch weniger, als ich dies vielleicht persönlich erwartet hätte.

Wenn die ACAD es dennoch auf ihrer Homepage als ihr Ziel beschreibt, »die Kunst und die Rituale der Capoeira Angola zu pflegen, zu verbreiten und lebendig zu erhalten, ohne sie zu verformen«, hat das für die Capoeiristas vor allem mit einem »Respekt vor der ganzen Geschichte zu tun«, wie Bettina schildert. Während sie dabei betont, es verändere »sich ja sowieso alles, weil (...) jeder es auf seine eigene Art erfasst, auch wenn er sich bemüht, es so zu erfassen, wie es tradiert wird«, besteht dieser Respekt vor der Geschichte für sie vor allem in dem Bemühen, »bewusst so weit als möglich die Tradition zu verstehen und zu erfassen, zu praktizieren und weiterzugeben.« Es geht ihr also weniger um ›Authentizität‹ im Sinne einer »authentic reproduction« (Bruner 1994), als um ein Bewusstsein um den Hintergrund und Ursprung der Capoeira. Auch Nicole betont, dass sich die Capoeira »von Person zu Person« verändere, formuliert allerdings gleichzeitig, »die Essenz, das Ritual und die Ganzheitlichkeit« der Capoeira müssten dabei erhalten bleiben. Diese Essenz geht ihrer Ansicht nach verloren, wenn Capoeira »immer mehr auf den Sportaspekt reduziert wird, also dass Capoeira in Fitnessstudios angeboten wird«, was sie ironisch »Capoeirobics« nennt. Dabei werde außer Acht gelassen, wie wichtig es sei,

> »dass die ganze brasilianische Lebenskultur versucht wird so weiterzutragen, dass der Musikaspekt ein großer Aspekt ist, dass man die Musik genauso viel üben muss wie die Bewegungen, dass das nicht verloren geht und dass die Herkünfte und die Philosophie, die dahinter stehen, nicht vernachlässigt werden. (...) Ja, und dass halt Einflüsse aus anderen Kampfkünsten ferngehalten werden, dass die Bewegungen sauber bleiben (...), sodass die Ganzheitlichkeit erhalten bleibt, und dass die *roda* als solche auch immer noch als das ›Ritual der *roda*‹ erhalten bleibt.«

Damit fasst Nicole die zentralen Punkte zusammen, die zur Zeit die Vorstellung einer ›authentischen‹ Capoeira Angola ausmachen, welche jedoch – wie oben mit Bruner gezeigt wurde – im Lauf der Jahrzehnte grundlegende Veränderungen erfahren kann. Darauf weist auch Robert hin, wenn er betont, dass die Tradition der Capoeira keineswegs so eindeutig sei, wie dies oft dargestellt werde:

> »Welche Tradition willst du da haben? Du machst da keinen afrikanischen Tanz mehr draus, wenn's überhaupt mal einer gewesen sein sollte. Über welche verdammte Tradition reden wir? Reden wir über die Vor-Pastinha-Tradition auf der Straße, die Gauner-Capoeira, wo die Leute damit die Bullen abgemurkst haben? Oder reden wir über die Tradition, wie sie Pastinha gelehrt hat? Oder wo auch danach schon jede Gruppe immer neue Sachen mit hat einfließen lassen, oder.. Über welche Tradition reden wir? Jeder Mensch und jeder Mestre hat da so seinen eigenen Stil und entwickelt das

Ding weiter, und das ist weiter im Fluss, und sich da ganz sklavisch dran zu halten, finde ich, ist einfach Quatsch, so.«

Hier zeigt sich also ein recht ›undogmatischer‹ Bezug auf die Geschichte der Capoeira. Die Dynamik der individuellen (Weiter-)Entwicklungen wird gegenüber einer unveränderten Weitergabe favorisiert, die schon allein an der Vielfalt der möglichen Bezugspunkte zu scheitern droht.

Dennoch ist gerade die Frage danach, auf welche Tradition sich eine Capoeira-Gruppe bezieht, immer wieder ein zentraler Streitpunkt und Auslöser von Konflikten in der Capoeira-Welt. Dies lässt sich daran illustrieren, wie sich M. Rogerio auf M. Moraes von der Gruppe GCAP bezieht, der zur Zeit eine zentrale Figur im ›Universum‹ der Capoeira Angola ist (vgl. 2.3.3). Während sich Moraes als Mitglied der ›*escola pastiniana*‹[75] bezeichnet (vgl. dazu Vassallo 2005: 161) und die Bezugnahme auf M. Pastinha betont, scheint dies ein Punkt zu sein, über den Rogerio sich mit Moraes uneinig ist. So beschreibt er im Interview:

> »Ich gehöre nicht zur ›Pastinha-Linie‹, wie das die Leute vom GCAP nennen (...), denn für mich gibt es so viele andere Capoeira-Mestres, die dieselbe Capoeira machten. Deshalb kann ich mir dieses Segment als ganzes anschauen, ohne das in einer Figur zu polarisieren.«[76]

Er scheint also M. Moraes vom GCAP vorzuwerfen, in seiner Geschichtsschreibung zu stark auf M. Pastinha zu fokussieren. Die Tatsache, dass manche diesen als ›Begründer‹ der Capoeira Angola bezeichnen (vgl. 2.3.2), sieht Rogerio skeptisch:

> »Pastinha hat die Capoeira Angola nicht erfunden. Die Capoeira Angola ist eine [ganze] Kultur, es gab verschiedene andere Capoeira-Mestres. Nicht wahr, er war nur eine Person, den sich die Intellektuellen schnappten und in einen Mythos verwandelten. Verstehst du? Wenn Jorge Amado[77] nicht über ihn geschrieben hätte, würde [heute] niemand über ihn sprechen. (...) Er war nur ein kleiner Stein in diesem ganzen Universum. Denn es gab *hunderte* andere Capoeiristas, die dieselbe Capoeira machten.«[78]

---

75 ›Pastinha-Schule‹.

76 Im Original: »Eu não sou da linha pastiniana, né, como o pessoal do GCAP fala (...), porque para mim existe tantos outros mestres de capoeira que faziam a mesma capoeira. Então para mim eu posso estar observando esse segmento num todo, não polarizado numa figura.«

77 Vgl. Fußnote 36.

78 Im Original: »O Pastinha não inventou a capoeira Angola. A capoeira Angola é uma cultura, teve diversos outros mestres de capoeira. Né, ele foi só uma pessoa que a intelectualidade pegou e transformou num mito. Entendeu? Se o Jorge Amado não

Ohne dabei konkret den GCAP oder M. Moraes zu nennen, kritisiert Rogerio, dass es Leute gebe, die der Ansicht seien, »wer nicht von der Pastinha-Linie ist, ist kein Angoleiro.«[79] Entgegen diesem exklusiven Verständnis davon, was Capoeira Angola ist, formuliert er seine Sicht der Dinge:

> »Ich will nicht an diese Symbolik oder Mystifizierung gebunden sein, wenn ich eine ganze Gruppe, ein ganzes Kollektiv wertschätzen kann. Denn ohne dieses Kollektiv gäbe es das Universum der Capoeira nicht. (...) Die Ursprungslinie der Capoeira oder der Capoeira Angola kennt niemand, denn es ist eine kollektive Praktik, verstehst du? (...) Ich suche diese Linie der Vorfahren, ohne an diesen ›Angoleiro-Barcode‹ gebunden zu sein, demzufolge man kein Angoleiro ist, wenn man nicht von der Pastinha-Linie ist.«[80]

Rogerio hebt also stärker darauf ab, die Capoeira Angola als eine kollektive Praxis zu sehen, die nicht an Einzelpersonen festzumachen sei. Dementsprechend sieht er es auch kritisch, dass

> »manche Leute sagen, dass Mestre Moraes die Capoeira Angola nach Rio de Janeiro gebracht habe. Ich glaube das nicht wirklich, verstehst du? Denn ich kenne einen Haufen anderer Leute dort, die eine sehr ähnliche Capoeira machen. (...) Das gab es schon, bevor er nach Rio de Janeiro ging. Nur dass es eben mehr an der Peripherie war.«[81]

Was hier letztlich verhandelt wird, ist die Frage, was Capoeira Angola ist und wer ihre Grenzen definiert. Während M. Moraes die Vorstellung einer Capoeira Angola verteidigt, die auf M. Pastinha zurückzuführen sei, sieht M. Rogerio die Capoeira eher als eine kollektive Praxis, die von verschiedenen Einflüssen geprägt ist. Dabei misst er jedoch dem Bezug auf diese Geschichte ebenfalls

---

tivesse escrito sobre ele, ninguém ia 'tar falando dele. (...) Ele era só uma pedrinha nesse universo todo. Porque existia centenas de outros capoeiristas que faziam a mesma capoeira.«

79 Im Original: »se não for da linha pastiniana, não é angoleiro.«

80 Im Original: »Não vou 'tar preso a essa simbologia ou essa mitificação quando eu posso valorizar todo um conjunto, todo um coletivo. Sem esse coletivo, não existia o universo da capoeira. (...) A linha original da capoeira ou da capoeira Angola, ninguém sabe. Porque é uma prática coletiva, assim, entendeu? (...) Eu busco essa linha da ancestralidade, sem estar preso a esse ›código de barra‹ para ser angoleiro, se você não é da linha pastiniana, você não é angoleiro.«

81 Im Original: »Algumas pessoas falam que o mestre Moraes levou a capoeira Angola pro Rio de Janeiro. Eu não acredito muito, entendeu? Porque eu conheço um monte de outras pessoas lá que faz uma capoeira bem similar. (...) Já existia antes dele ir pro Rio de Janeiro. Né, só era periférica.«

einen wichtigen Stellenwert zu und betont die Bedeutung der Tradition, wenn er sagt:

> »Ich versuche, das zu machen, was ich von den alten Mestres gelernt habe, die von den älteren gelernt haben, die wiederum von den älteren gelernt haben. Also versuche ich mehr oder weniger dieser traditionellen Linie zu folgen, nicht wahr, deshalb spreche ich von dieser Vision der ACAD, dass wir so nahe wie möglich diese Traditionslinie aufrecht erhalten.«[82]

Auch wenn der Bezug auf die Tradition in der ACAD also ›gebrochener‹ ist als der starke Fokus auf Pastinha und die afrikanischen Wurzeln der Capoeira im GCAP, kann Rogerio durchaus als traditionsorientiert beschrieben werden. Der Unterschied ist dabei eher im dynamischeren, undogmatischeren Traditionsbegriff zu sehen, der Wandel zulässt und einbindet.

Für die ACAD-Mitglieder stellt die Geschichte der Capoeira somit einerseits einen wichtigen Bezugspunkt dar. Angesichts dessen, dass die Capoeiristas an dem afro-brasilianischen Kampftanz besonders das Erleben individueller Authentizität schätzen, lassen sich dabei vereinzelt auch exotisierende Projektionen finden, denen zufolge in ›traditionellen‹ Kulturen ein Erlebnis von Ganzheitlichkeit möglich sei. Andererseits kommt darin nicht unbedingt die Vorstellung einer unveränderten und ›reinen‹ Capoeira Angola zum Ausdruck; vielmehr herrscht eine Einsicht in die Vielschichtigkeit und Widersprüchlichkeit von deren Geschichte vor.

Ein Seitenblick in die Theorieentwicklung der neueren Soziologie kann hier hilfreich sein. Dort wurde der Binarismus von Tradition versus Moderne laut Sieber (2003: 26) »mit der postmodernen Hinterfragung des Moderne-Denkens und der daraufhin in den 1970er und 80er Jahren einsetzenden Revision in den westlichen akademischen Diskursen (…) zunehmend als Verengung wahrgenommen.« Sieber zeigt unter Rückgriff auf Autoren wie Giddens, Beck und Habermas, dass im Zuge der ›zweiten Moderne‹ »[d]as ‚Lokale', ‚Ethnische' oder ‚Nationale' (…) im ›allgemeinen Code‹ der globalen Kultur privilegierte Ausdrucksformen von Unterschieden« werden, weshalb »die Rückbesinnung auf (…) Traditionen auch Teil dieser neuen Phase oder zweiten Moderne sein [wird]« (ebd.: 32f). Dies könnte als weiteres Element einer Erklärung traditionalistischer Tendenzen fruchtbar gemacht werden. Um den oben beschriebenen gebrochenen Charakter dieses Traditionalismus zu verstehen, ist es hilfreich, sich von der Dichotomie zu verabschieden: »an die Stelle einer Unterscheidung zwischen entweder Tradi-

82 Im Original: »Eu busco fazer o que eu aprendi dos mestres antigos, que aprenderam com os mais antigos que aprenderam com os mais antigos. Então eu busco mais ou menos essa linha da tradição, né, por isso falo dessa visão da ACAD, da gente estar mantendo o seu aspecto mais perto possível dessa linha da tradição.«

tion oder Moderne tritt (…) immer mehr die Einsicht in eine Untrennbarkeit und Nichtauflösbarkeit dieser beiden Konzepte« (ebd.: 33).

Um diese neue Gemengelage analytisch in den Griff zu bekommen, scheint für meine Zwecke das Konzept der Hybridität geeignet, da mit ihm auch andere Gegenübersetzungen aufgelöst und neu theoretisiert werden können.

6.3 Hybridität als neuer Analyserahmen

Ausgehend von dem oben skizzierten Verständnis von Hybridität soll es also nun darum gehen, inwiefern sich dieses auf den Gegenstand der vorliegenden Arbeit – die Interpretation der Capoeira Angola in der Freifurter Gruppe – übertragen lässt. Wie insbesondere das fünfte Kapitel gezeigt hat, zeichnet sich diese – ähnlich wie es Klein (2009b: 7) für den Tango im Prozess der Globalisierung beschreibt – durch eine »schillernde Bedeutungsvielfalt« aus: Die Spieler/-innen beschreiben die Capoeira als Ritual und als Widerstandsinstrument, assoziieren sie mit Afrika und Brasilien, sehen in ihr einen Sport und mehr als einen Sport. Während es dabei einerseits immer wieder zu binären Gegenüberstellungen kommt – Capoeira Angola vs. Capoeira Regional, Afrika vs. Europa, Ritual vs. Sport, Tradition vs. Moderne –, zeigt sich andererseits, dass diese Kategorien tatsächlich auf komplexe Weise miteinander verwoben sind. So betonen die Capoeiristas z.B. einerseits die Geschichte der Capoeira als Widerstandsbewegung, beziehen sich jedoch nicht ungebrochen darauf, sondern interpretieren diese vor ihrem eigenen Hintergrund neu.

Beschreibt man angesichts dessen die Interpretation der Capoeira Angola mit dem Konzept der Hybridität – das, um mit Schneider (1997: 43) zu sprechen, »nicht den Gegenbegriff zum Hierarchischen und Hegemonialen, sondern zum Binären und Dichotomischen [bildet]« –, lassen sich solche Ungereimtheiten nicht als etwas Negatives, sondern als etwas Produktives analysieren, als Bestandteile eines Übersetzungsprozesses, wie ihn Klein (2009a) für den Tango schildert. Die Entwicklung des Tangos als einem »Hybrid, das im Laufe seiner Geschichte mit vielen, zum Teil widersprüchlichen Zuschreibungen versehen wurde« (Klein 2009b: 7), weist eine Reihe von Parallelen zu derjenigen der Capoeira auf. So handelt es sich bei beiden um tänzerische Bewegungsformen lateinamerikanischen Ursprungs, die im Ausland als ›exotische‹ Freizeitaktivitäten Anklang finden. Dabei bewegen sie sich in einem Spannungsfeld »zwischen globaler Ausbreitung und lokaler Kontextualisierung«, wobei der »Produktion von Tradition und Ursprungsmythen« eine besondere Bedeutung zukommt (Klein 2009a: 17). Kleins Analyse dessen, wie Tango in neue Sinnzusammenhänge übersetzt wird, kann deshalb auch bei der Untersuchung von Capoeira hilfreich sein.

Im Folgenden soll daher skizziert werden, inwiefern sich die Neuinterpretation der Capoeira Angola als eine Übersetzung im kulturtheoretisch-semiotischen Sinn verstehen lässt. Im Anschluss daran verbinde ich diesen Ansatz mit den in Kapitel 5 gewonnenen Erkenntnissen, indem ich die dort dargestellten komplexen Bedeutungsebenen als Ausdruck einer Überdetermination interpretiere und dies mit dem Hybriditätskonzept zusammenführe.

6.3.1 Neuinterpretation als Übersetzung

Wie bereits oben beschrieben, hat durch die Etablierung postkolonialer und dekonstruktivistischer Theorieansätze in den Sozialwissenschaften ein Paradigmenwechsel stattgefunden, in dessen Zuge das essenzialistische Verständnis von Kulturen als abgeschlossenen Einheiten verabschiedet wurde. Kultur wird nun vielmehr »als ein System von Zeichen verstanden, die sich aufeinander beziehen, die Spuren hinterlassen und ihre eigenen Ursprünge in sich selbst haben« (ebd.: 25). Parallel dazu kam es auch in den Übersetzungswissenschaften zu einem grundlegenden Wandel, indem – ausgehend von Walter Benjamins Text »Die Aufgabe des Übersetzers« (1972) – Übersetzung nicht mehr nach dem Schema von Original und Kopie gedacht wurde:

> »Es gibt demnach keine Ausgangs- und Zielkultur, die miteinander zu verbinden wären. Übersetzung versteht Benjamin als Wandlung und Erneuerung; sie ist damit selbst Kultur wie Kultur eine permanente Übersetzung ist.« (Klein 2009a: 26)

An dieses Verständnis von Übersetzung knüpfen postkoloniale Theoretiker/-innen an. So interpretiert Homi Bhabha Übersetzung nicht als einen Prozess, bei dem es darum geht, »to trace two original moments from which the third emerges« (Rutherford 1990: 211). Vielmehr versteht er unter Übersetzung einen hybriden »'third space' which enables other positions to emerge« (ebd.). Wie Klein hervorhebt, geht es beim Prozess der so verstandenen Übersetzung eben nicht um »Kulturverstehen« oder »Brückenbau«, wie es ein essenzialistisches Kulturverständnis impliziert (Klein 2009a: 28).[83] Vielmehr zielt eine solche Art der Übersetzung darauf ab, »‚Zwischenräume' jenseits des binären Bauprinzips zu erschließen und diese als Aushandlungsräume für kulturelle Übersetzungsprozesse zu untersuchen« (ebd.). Bei einer postkolonial-dekonstruktivistisch inspirierten Analyse kultureller Übersetzungsprozesse geht es somit um die Frage,

---

83 Ähnlich kritisiert auch de Toro (2002: 35) den Begriff »Kulturtransfer«, da dieser »gerade in postkolonialen Ländern und in der postkolonialen Kritik, wie etwa im lateinamerikanischen Kontext, höchst missverständlich ist, zudem in einer Zeit der Globalisierung. Unter Kulturtransfer ist der hegemoniale ‚Export' von Kulturgütern aus dem ‚Zentrum' in die ‚Peripherien' zu verstehen.« Er plädiert stattdessen für den Terminus »Translation« (vgl. dazu ebd.: 28f).

> »wie diese komplexen kulturellen Austausch- und Aushandlungsprozesse sich vollziehen und zwar jenseits eines Transfers zwischen Original und Übersetzung sondern im Sinne mehrdimensionaler Transformationen in Zwischenräumen.« (ebd., Hervorhebung i.O.)

Überträgt man den hier skizzierten Ansatz auf die Wanderung und Neuinterpretation der Capoeira, kann diese als kultureller Übersetzungsprozess interpretiert werden. Als solcher stellt er einen ›Aushandlungsraum‹ dar, in dem etwas Neues entsteht, das mehr ist als die Summe der beiden Kulturen, die aufeinander treffen. Denn, wie Papastergiadis hervorhebt:

> »The hybrid is formed, he [Bhabha, SL] says, out of the dual process of displacement and correspondence in the act of translation. (...) Every translation requires a degree of improvisation. The hybrid, therefore, is formed not out of an excavation and transferral of foreignness into the familiar, but out of this awareness of the untranslatable bits that linger on *in* translation.« (Papastergiadis 1997: 278)

Aufgrund dieser »untranslatable bits« ist jede Übersetzung notwendig instabil und brüchig. Gleichzeitig eröffnet diese »Unvorhersehbarkeit und Unplanbarkeit der Übertragungen« jedoch einen »Möglichkeitsraum der Translation« (Klein 2009a: 34), in dem etwas Neues entstehen kann – genau darin liegt für Klein das Potenzial solcher Übertragungsbewegungen begründet. Dieses kommt in der Eigendynamik zum Ausdruck, die sich entfaltet, wenn Bewegungspraxen wie Capoeira vor einem neuen lebensweltlichen und politischen Hintergrund interpretiert werden. Gleichzeitig wird es damit möglich, die binäre Vorstellung von Original und Kopie hinter sich zu lassen und ein komplexeres Verständnis kultureller Übersetzung zu entwickeln. (Vgl. Klein 2009b: 10.)

Versteht man in Anlehnung an das oben skizzierte Theoriekonzept Kultur als ein System von Zeichen, kann dieser Prozess der Translation und Neuinterpretation der Capoeira mit de Toro auch als eine »Rekodifizierung« beschrieben werden. Er grenzt einen solchen Prozess explizit von »Aneignungen und/oder Adaptationen« ab, da diese für ihn »eher ein Relikt der Exotisierung nicht-okzidentaler oder hybrider Kulturen und damit kolonialistische Phänomene darstellen« (Toro 2002: 36). Bei Rekodifizierungen geht es hingegen »um Geben und Nehmen, um Wahlmöglichkeiten, Körpertechniken, Organisationsformen des Raumes und der Zeit sowie sonstige Repräsentationsformen« (ebd.).

Übertragen auf Capoeira in Deutschland bedeutet dies, dass die Capoeiristas hierzulande die Praktik weder ›eins zu eins‹ übernehmen, noch dass sie diese beliebig abwandeln. Vielmehr kommt es im Wechselspiel zwischen der vermeintlichen Tradition oder Herkunft der Capoeira und dem hiesigen lebensweltlichen Kontext der Capoeira-Spieler/-innen zu einer Neuinterpretation und Translation, die insofern als hybrid bezeichnet werden kann, als es dabei zu

Widersprüchlichkeiten, Paradoxien und Ungereimtheiten kommt. Entsprechend bringt auch de Toro solche Rekodifizierungsprozesse mit dem Hybriditätskonzept in Zusammenhang, da dieses dem Autor zufolge dabei helfen kann,

> »die Frage zu klären, ob es sich bei bestimmten Kulturprodukten um bloße Anleihen kulturfremder Elemente handelt, in denen der Dialog an der Schnittstelle sekundär und nur die Übernahme von Interesse ist (hier würde es sich um logo-, euro- bzw. ethnozentristische bzw. malinchistische kulturelle Tätigkeiten handeln, die für die Moderne, nicht aber für eine postmodern/postkolonial orientierte Kulturtheorie oder -wissenschaft typisch sind), oder ob es sich tatsächlich um Rekodifizierungsstrategien handelt.« (ebd.)

Die in dieser Arbeit nachgezeichnete Interpretation der Capoeira Angola in einer konkreten Gruppe kann somit als ein Beispiel für eine Untersuchung gelten, wie sie de Toro hier fordert. Dabei zeigt sich, dass der Bezug der Capoeiristas auf die Herkunft und Geschichte der Capoeira weniger von Exotismus als vielmehr von Ambivalenzen, Gebrochenheit und Neuinterpretation geprägt ist, weshalb man durchaus von einer Rekodifizierung sprechen kann.

6.3.2 Überdetermination

Verstehen wir also unter der Wanderung und der im Zuge dessen erfolgenden Neuinterpretation der Capoeira Angola einen Prozess der Übersetzung und Rekodifizierung, der aufgrund der dabei entstehenden Widersprüche und Ambivalenzen als hybrid angesehen werden kann, verweist dies auf die vielschichtigen Bedeutungsebenen, durch die sich die Capoeira Angola in den Augen ihrer ›Anhänger/-innen‹ auszeichnet und die im fünften Kapitel ausführlich dargestellt wurden. Hatten wir diese »unglaubliche Komplexität« (Eva) dort vor allem mit der Interpretation der Capoeira als Ritual in Zusammenhang gebracht, lässt sich dieses Verständnis nun erweitern, indem wir Ritualcharakter, Widersprüchlichkeit und Ambivalenz der Praktik als Ausdruck einer Überdetermination fassen.

Die Analyse von Wulf und Zirfas (2001), denen zufolge Komplexität eine zentrale Komponente von Ritualen ist, kann uns hier weiterhelfen. Demnach sind »rituelle Inszenierungen durch ihre symbolischen Überdeterminierungen nicht eindeutig, [sondern] lassen heterogene und widersprüchliche Elemente zu« (ebd.: 339). Entsprechend muss, so Wulf (2001: 7), »von einem grundsätzlich nicht einholbaren Bedeutungsüberschuß ritueller Prozesse ausgegangen werden, die in ihrem körperlichen und performativen Charakter sowie in ihrer Eingebundenheit in historische und kulturelle Kontexte begründet liegt.«

Das Konzept der ›Überdetermination‹ ist – wie auch die oben skizzierten Konzepte – ein ›Kind‹ des dekonstruktivistischen Denkens, das sich von der Vorstellung einer Essenz oder Einheitlichkeit von Texten, Subjekten und Kulturen verabschiedete. Es entstammt der Psychoanalyse und bezeichnet als semiotischer

Begriff die »Mehrfachkodierung eines Zeichens oder Zeichenkomplexes durch konkurrierende semantische Ordnungen« (Keck/Schulz 2003: 715). Dementsprechend gelten Zeichen »als ‚überdeterminiert', wenn ihre Ambiguität nicht eindeutig auflösbar ist«, was in der Literaturwissenschaft bei der »Erklärung von Störungen der Kohärenz im Text« Anwendung findet (ebd.). Besondere Bedeutung erlangte das Konzept im Rahmen poststrukturalistischer und dekonstruktivistischer Theorieansätze, als im Zuge der Intertextualitätsdebatte »die Vorstellung einer ‚Einheit' des literarischen Werks verabschiedet wurde und so dessen Widersprüchlichkeiten und ihre Ursachen, mithin die Sinnbildungsprozesse selbst in den Blick gerückt sind« (ebd.: 716).

Capoeira Angola als ›überdeterminiert‹ zu verstehen, kann folglich dabei helfen, jenen diffusen Bedeutungsüberschuss zu fassen, der in den in Kapitel 5 ausgeführten Schilderungen der Capoeiristas anklingt. Diese scheinen der Versuch zu sein, eine »nicht in Worte fassbare« Erfahrung (vgl. 4.2) dingfest zu machen und mit Sinn zu versehen. Dabei kommt es durch die Überlagerung verschiedener Bedeutungsebenen, die sich durch ihr Zusammenwirken zwar intensivieren, aber gleichzeitig auch innere Verwerfungen erzeugen, zu Widersprüchen und Ambivalenzen.

In diesem Sinne fand das Konzept der Überdetermination über die Formel der ›Hybridität‹ auch Eingang in die Kulturwissenschaften und Postcolonial Studies (vgl. ebd.). Demnach kann Überdetermination als eine Begleiterscheinung jener Komplexität und Widersprüchlichkeit verstanden werden, die Räume der Hybridität und Übersetzung notwendig kennzeichnet. Umgekehrt kann eine bestehende Überdetermination wiederum neue Hybridisierungs- und Übersetzungsprozessen erleichtern.

Wenn also in dieser Arbeit Capoeira Angola als ein hybrides Phänomen beschrieben wird, geht es darum, deren Interpretation durch die Freifurter Gruppe nicht als einfache ›Vermischung‹ kultureller Phänomene zu verstehen, sondern vielmehr als eine paradoxe Entfaltung vielschichtiger Bedeutungsebenen und somit als einen spezifischen Sinnbildungsprozess. Auf diese Weise ist auch ein Weg aufgezeigt, Teile der durch die Problematisierung des Authentiziätsbegriffs aufgeworfenen Komplexität theoretisch wieder einzuholen.

In der nun folgenden Schlussbetrachtung werde ich die durch diese Perspektive gewonnenen Erkenntnisse zusammenführen und verweise abschließend auf mögliche Forschungsfelder, die meinen Ansatz durch makroperspektivische Untersuchungen ergänzen könnten.

Adeus, adeus – Boa viagem
Eu vou-me embora – Boa viagem
Eu vou com Deus – Boa viagem
E com Nossa Senhora – Adeus, adeus[84]

7 Schlussbetrachtung – Auf dem Weg zu einem komplexeren Verständnis kultureller Übersetzungsprozesse

Im weichen Licht der Abendsonne glänzen die Schweißperlen auf den Gesichtern der Capoeiristas. Die Spieler/-innen wirken erschöpft und zufrieden zugleich – nach über zwei Stunden neigt sich die *roda* dem Ende zu. Mittlerweile haben alle mehrfach in der Mitte des Kreises gespielt, und auch die Musiker/-innen in der *bateria** wurden immer wieder abgelöst. Jetzt sind die T-Shirts mit dem Gruppenlogo durchgeschwitzt, man freut sich auf die anschließende Erfrischung beim Bier oder einen entspannten Sonntagabend beim ›Tatort‹. Die meisten Leute, die dem Kampf-Tanz-Spiel für einige Zeit zugeschaut hatten, sind wieder ihrer Wege gegangen. In den ersten Wochen, in denen die Capoeira-Gruppe öffentliche *rodas* veranstaltete, waren mehr Schaulustige gekommen. Jetzt haben sich viele daran gewöhnt, dass die Angoleiros ebenso wie die jugendlichen Skater/-innen und einige ›Mittelalter‹-Schwertkämpfer bisweilen den Platz am Stadtpark bevölkern.

Als das Abschiedslied erklingt, wird der zuvor etwas müde Gesang nochmals kräftiger. Ein tiefer, kurzer Rhythmus der *gunga** läutet schließlich das Ende der *roda* ein: Die *berimbau**-Spieler/-innen senken die Spitzen ihrer Instrumente zum Boden hin und geben so das Zeichen zum Abschluss. Alle klatschen, und der Mestre sagt noch ein paar Worte des Danks, bevor sich der Sitzkreis auflöst. Die Instrumente werden eingepackt, die Capoeira-Kleidung abgelegt. Man verabschiedet sich voneinander, die Gruppe zerstreut sich; alle kehren in ihren Alltag zurück. Adieu, gute Reise!

Diese kurze Abschlussszene einer *roda* illustriert, wie sich die Capoeira mittlerweile hierzulande ins Stadtbild und in das Alltagsleben mancher Menschen integriert hat. Der Seefahrer – als den ich die Capoeira zu Beginn dieser Arbeit charakterisiert hatte – hat nach seiner Reise von Afrika nach Brasilien zum zweiten Mal den Atlantik überquert und ist in Europa angekommen. Gleichzeitig ist er weiterhin in Bewegung und entwickelt sich weiter – »Adieu, ich gehe weg.«

[84] Capoeira-Lied, das häufig am Ende einer *roda* gesungen wird. Übersetzung: Adieu, adieu – Gute Reise – Ich gehe weg – Gute Reise – Ich gehe mit Gott – Gute Reise – Und mit der Mutter Gottes – Adieu, adieu.

Dieser Prozess stetiger Wanderung und Übersetzung prägt die Capoeira seit ihrer Entstehung und setzt sich heute fort.

Die vorliegende Arbeit hat einen kleinen Ausschnitt dieses Prozesses nachgezeichnet, in dessen Verlauf die Capoeira immer wieder in neue Sinnzusammenhänge gestellt und mit vielfältigen Zuschreibungen versehen wird. So steht sie für Tanz, Kampf und Spiel, verkörpert Widerstand und Anpassung ebenso wie Tradition und Moderne, Brasilien und Afrika, Spiritualität und Sport. Sie wird beschrieben als ein Lebensgefühl und eine Philosophie, als ein Feld der Selbsterfahrung, als Spiegel des Lebens ebenso wie als Ort des Außeralltäglichen. In meiner Untersuchung ging es darum, welche dieser Interpretationen sich in der Freifurter ACAD-Gruppe finden lassen.

Ich werde daher nochmals kurz den Verlauf und die Erkenntnisse meiner Arbeit zusammenfassen. Darauf aufbauend gebe ich einen Ausblick, welche aktuellen Entwicklungen in der ethnologischen Forschungslandschaft die Mikroperspektive meiner Arbeit ergänzen könnten. Angesichts der zunehmenden Institutionalisierung und Verrechtlichung von kulturellen Phänomenen als ›kulturelles Erbe‹ schließe ich, indem ich Capoeira als eine Praktik interpretiere, die den Zugriff solcher kultur- und identitätspolitischen Maßnahmen durch ihre Vielschichtigkeit und ›Widerspenstigkeit‹ erschwert.

7.1 Zusammenfassung

Nach einem kurzen Überblick über die ethnologische Forschung zu Capoeira (Kap. 1) bildete eine ausführlichere Darstellung der Geschichte des Kampftanzes den eigentlichen Ausgangspunkt meiner Arbeit (Kap. 2). Dies diente nicht nur der historischen Einordnung des Phänomens, sondern war auch für den Gegenstand der Arbeit wichtig, da der Bezug auf die Geschichte und Traditionen einen zentralen Aspekt der ›Identität‹ der Capoeira und ihrer ›Anhänger/-innen‹ ausmacht. So kommt etwa der Betonung der Capoeira als ›schwarze Widerstandsbewegung‹ in der heutigen Capoeira Angola eine zentrale Funktion zu: Manche Angoleiros sehen sich direkt in der Linie dieser Tradition; andere beziehen sich weniger lückenlos darauf, indem sie diesen Aspekt vor ihrem eigenen Alltagskontext neu interpretieren. Wenngleich in den Diskursen vieler Capoeiristas häufig versucht wird, eine einheitliche Erzählung der Geschichte zu liefern, zeigte das zweite Kapitel vielmehr, dass die Deutungen der Capoeira im Verlauf der Jahrzehnte starken Veränderungen unterlagen. Dies gilt sowohl für die Entwicklungen innerhalb Brasiliens, als auch für die ab den 1980er Jahren einsetzende weltweite Verbreitung der Praktik.

Darauf aufbauend widmete sich das dritte Kapitel einer genaueren Beschreibung der Capoeira Angola in Deutschland sowie meines konkreten Feldes, der *Asso-*

ciação de Capoeira Angola Dobrada (ACAD), genauer ihrer Freifurter Gruppe. Anhand der Schilderungen von Mestre Rogerio zeigte ich auf, welche Schwierigkeiten – z.B. in Form von exotisierenden Vorstellungen und Konflikten bezüglich Hierarchien – die Integration der Capoeira hierzulande mit sich bringen kann. Rogerio erklärt diese Probleme u.a. damit, dass die Capoeira Angola in Deutschland vor allem von ›alternativen‹ Leuten gespielt wird. Ähnlich beschreiben auch die ACAD-Mitglieder die Struktur ihrer Gruppe. Darüber hinaus gehören der ACAD überwiegend Studierende und Mitglieder der deutschen Mehrheitsgesellschaft sowie viele Frauen an. Der Tatsache, dass ich somit Teil des ›klassischen‹ deutschen Capoeira-Publikums bin, trug ich in Kapitel 4 Rechnung, indem ich meine Position im Feld reflektierte. Außerdem schilderte ich dort mein methodisches Vorgehen.

Ausgehend von diesen grundlegenden Einordnungen und Vorüberlegungen ging das fünfte Kapitel der Frage nach, wieso die ACAD-Mitglieder Capoeira spielen und wie sie diese Aktivität für sich interpretieren. Die Antworten darauf fallen keineswegs einheitlich aus und reichen von der Beschreibung der Capoeira als spirituelles Erlebnis bis zur Interpretation der Praktik als eine Art Lebensphilosophie. Dabei steht immer wieder die Suche nach individueller Selbstentfaltung und -erfahrung im Vordergrund, etwa wenn die Angoleiros beim Spiel in der *roda* tranceähnliche Erfahrungen machen, bei denen der Kopf ›abschaltet‹ (vgl. 5.2) oder wenn sie die Capoeira als Widerstandsinstrument sehen in dem Sinn, dass sie sich dadurch ›innerlich gestärkt‹ fühlen (vgl. 5.5). Die komplexen Bedeutungsebenen, die in den Schilderungen der Capoeira-Spieler/-innen anklingen, habe ich mit der Interpretation der *roda* als Ritual in Verbindung gebracht: Zum einen begründen die Capoeiristas selbst damit so manches Element der Capoeira-Welt, wie zum Beispiel die große Bedeutung von Hierarchien (vgl. 5.3). Dass einige Capoeiristas den rituellen Charakter der Capoeira mit deren afrikanischen Wurzeln in Zusammenhang bringen, verweist außerdem auf exotistische Tendenzen (vgl. 5.6). Zum anderen kann ein Verständnis der Capoeira als ritualhaft auch darüber hinaus bestimmte Aspekte erklären – etwa die Tatsache, dass die Angoleiros ihre Stilrichtung so stark von der Capoeira Regional abgrenzen sowie die Funktion des Authentizitätsdiskurses, der dann als eine Unterscheidung zwischen Profanem und Heiligem gelesen werden kann (vgl. 5.7).

Im Anschluss an diese Erkenntnisse erweiterte ich das Verständnis der Interpretation von Capoeira im sechsten Kapitel, indem ich untersuchte, inwiefern sich diese im Spannungsfeld zwischen Authentizität und Hybridität bewegt. Den Faktor Authentizität las ich dabei als eine Ressource, der im Zuge der weltweiten Verbreitung der Capoeira eine zentrale Rolle zukommt. Das Interesse an ›exotischen‹ Kulturen – denen eine größere Authentizität und Ganzheitlichkeit als der eigenen Kultur zugesprochen wird – mit der Suche nach Gemeinschaft und Sicherheit angesichts einer von Unsicherheit und Individualisierung geprägten Gesellschaft zu erklären, erscheint dabei als intuitives Deutungsmuster, das sich bisweilen auch bei den Freifurter Angoleiros finden ließ. Am Umgang mit dem Thema Tradition in der ACAD zeigte ich, dass jedoch gleichzeitig ein undogmatischer Bezug auf die Geschichte und die Vorstellung einer ›authentischen‹ Capoeira erfolgt. Der Authentizitätsdiskurs hat also einerseits eine identitäts- und wahrheitsstiftende Funktion. Andererseits produziert er kein starres Innen-Außen-Verhältnis, sondern ist ständig im Fluss. So ist etwa die zunehmende Integration von Frauen in die Capoeira ein Beispiel dafür, wie frühere Ausschlüsse heute neu verhandelt werden.[85] Dabei kommt es zur Neubestimmung dessen, was als zulässig, ›authentisch‹, ›traditionell‹ oder ›verformt‹ gilt. Authentizität ist folglich das, was die Beteiligten darunter verstehen und was sich ›danach anfühlt‹. Bei der Bestimmung dessen kann weder völlig frei etwas erfunden werden – da es immer der Anknüpfung an etwas vorhandenes bedarf, um verständlich und anschlussfähig zu bleiben –, noch handelt es sich um eine strenge Determination. Neben strukturellen Momenten – wie der Autorität durch Anrufung einer Ursprungserzählung – scheint so das einzige feststehende Merkmal von Authentizität der Wandel als Symptom ihrer fortwährenden Aushandlung zu sein.

Aus diesem Grund habe ich die Neuinterpretation der Capoeira Angola in der Freifurter ACAD-Gruppe als einen komplexen Übersetzungsprozess analysiert, wobei ich diesen nicht als Aneignung, sondern mit de Toro als eine ›Rekodifizierung‹ verstehe. Dieser Prozess ist einerseits eine Folge der Modernisierung der Capoeira, die sich Assunção (2005a: 210) zufolge ausdrückt in »a fragmentation not only of styles but also of its social functions.« Andererseits ist die Entwicklung nicht durch binäre Gegenüberstellungen wie Tradition vs. Moderne einzuholen, und bereits weiter oben wurde gezeigt, dass diese beiden Konzepte untrennbar miteinander verbunden sind. Deshalb ist Assunção (ebd.: 214) zuzustimmen, wenn er schreibt, dass in der Capoeira »many different levels of meaning intersect to form a complex web of signification.«

Um dieses komplexe Geflecht von Bedeutungen besser analysieren zu können, habe ich in Kapitel 6 das Konzept der Hybridität als neuen Analyserahmen vorgeschlagen. Damit lassen sich Prozesse fassen, in denen die Überlagerung vielschichtiger Bedeutungsebenen zu Widersprüchen und Komplexitäten führt, in denen also ein Sowohl-als-auch angemessener erscheint als das überkommene

[85] Im Zuge dessen entstehen Zusammenschlüsse wie die Gruppe *Angoleiras do Rio* in Rio de Janeiro (siehe deren Blog, http://angoleirasdorio.blogspot.com), die Konferenz »Capoeira Angola Women Power Conference 2011« in Stockholm (vgl. http://ficasweden.over-blog.com/) oder der Blog »Mandingueira« aus den USA (http://mandingueira.com/), die die Dominanz von Männern in der Capoeira-Welt thematisieren und beenden wollen.

Entweder-oder. Hybridität entsteht folglich im Zuge des Übersetzungsprozesses, der die Integration der Capoeira hierzulande begleitet. Diesen verstehe ich im Anschluss an dekonstruktivistische Theorieansätze als eine Übertragung ohne Original und Kopie; vielmehr zeichnet sich Kultur immer schon durch Zitation, Übersetzung und Mischung aus. Da hierbei die verschiedenen Sinngebungen niemals völlig zur Deckung zu bringen sind, kommt es zu Überdetermination. Dieser Bedeutungsüberschuss ist also ein Teil jener Verwobenheit und Vielschichtigkeit, die die Capoeira bei ihrer Reise innerhalb des *Black Atlantic* kennzeichnet.

In meiner Arbeit habe ich neben verschiedenen Antworten auf die Frage danach, wie die ACAD-Mitglieder die Capoeira Angola für sich interpretieren, einen theoretischen Zugang aufgezeigt, durch den solche Prozesse kultureller Übersetzung analysiert werden können. Diesen Ansatz habe ich im sechsten Kapitel skizziert und dadurch auf die Richtung verwiesen, in die eine tiefer gehende Analyse von Wanderungsbewegungen der Capoeira und ähnlicher Phänomene gehen könnte. Im Rahmen dieser Arbeit konnte ich eine solche komplexere Beschreibung von Kulturübersetzung nicht *en détail* durchführen, sondern nur Anknüpfungspunkte für weitergehende Forschungsarbeit benennen, die ich im folgenden Abschnitt noch konkretisieren werde.

Die Arbeit ist damit gleichzeitig der Ausdruck eines Lernprozesses, in dessen Verlauf ich selbst erkennen musste, dass eine komplexere Herangehensweise an den Gegenstand notwendig ist, um den vielschichtigen Beschreibungen der Capoeiristas gerecht zu werden. Das – mit einigen Einschränkungen – recht reflektierte Selbstverständnis, das ich dort antraf, entsprach keineswegs einfachen ›esoterisch-exotisierenden‹ Idealisierungen einer afro-brasilianischen Praktik, wie ich sie zunächst erwartet hatte. Entsprechend bedarf es zur Beschreibung solcher Phänomene eines pluralistischeren Ansatzes im Sinne Schneiders:

> »Pluralität meint also weder Beliebigkeit noch Auflösung, Indifferenzerzeugung oder Katastrophe. Pluralität verlangt, einen Grad an Komplexität auszuhalten, der sich in homogenen und an Ganzheiten ausgerichteten Denktraditionen mit bewährten Mustern leichter reduzieren läßt. Pluralität gehört zu den ›Basiserrungenschaften der wissenschaftlichen Moderne‹ (Welsch 1987, 185), die in der von Welsch konzipierten ›postmodernen Moderne‹ in die Lebenswelten generell eindringt.« (Schneider 1997: 44)

Die in dieser Arbeit eingesetzten konstruktivistischen, nicht-essenzialisierenden Konzepte sollten gerade dieser, auch empirisch aufgefundenen, lebensweltlichen Differenziertheit methodisch Rechnung tragen.

7.2 Ausblick

Die vorliegende Arbeit bietet eine mikroperspektivische Untersuchung eines kulturellen Übersetzungsprozesses und zeichnet nach, wie auf der lokalen Ebene Fragen um Authentizität, Tradition, Widerstand und Aneignung verhandelt werden. Eine Makroperspektive, die in den Blick nimmt, wie sich diese Aushandlungsprozesse in einen größeren Kontext einordnen, hätte den Rahmen meiner Arbeit gesprengt. In den kommenden Jahren wird die Frage danach, wie sich das Spannungsverhältnis zwischen diesen beiden Ebenen ausgestaltet, ein interessantes Forschungsfeld für die Ethnologie bieten – gerade auch angesichts der Tatsache, dass sich im Zuge der Globalisierung kulturelle Übersetzungsprozesse potenzieren und ›Kultur‹ zunehmend zu einem ›Standortfaktor‹ wird. Dies spiegelt sich auch in den aktuellen Fachdebatten wieder, wie beispielsweise der *Call for Papers* zur Tagung der Deutschen Gesellschaft für Völkerkunde 2011 zeigt. So verweist bereits der Titel der Tagung – »Wa(h)re Kultur?« – auf die Frage der Authentizität und Kommodifizierung von ›Kultur‹, und im Einleitungstext wird festgestellt:

> »Die Begriffe des ›kulturellen Erbes‹ sowie der ›kulturellen Rechte‹ werden somit zu Ressourcen und zugleich zu einem umkämpften Terrain, wobei die Kriterien der Inklusion oder Exklusion zu diesen Kategorien – wie zu ›Kultur‹ überhaupt – kaum je geklärt wurden.« (DGV 2011: 1)

Ein zentraler Akteur auf diesem »umkämpften Terrain« der globalen Kulturpolitik ist die UNESCO[86], die Anfang der 2000er Jahre zwei viel beachtete Konventionen für den Erhalt der ›kulturellen Diversität‹ und des ›immateriellen Kulturerbes‹ erließ (vgl. ebd.: 6). Die UN-Organisation verfolgt dabei das Ziel, die vermeintliche »globalisierungsbedingt[e] Homogenisierung der Welt« zu bremsen, ist jedoch darüber hinaus geprägt durch »unscharfe, in sich durchaus widersprüchliche Vorstellungen von Kultur und ein institutionelles Gefüge, das von widerstreitenden Interessen und nationalstaatlichen Egoismen dominiert ist« (ebd.). Dennoch hat die UNESCO enormen Einfluss auf die Kulturpolitiken auf nationaler Ebene, und so arbeiten momentan Dutzende von Regierungen »an der Integration von ›intangible cultural heritage‹ in nationale Rechts- und Fördersysteme« (ebd.). Die Erklärung der Capoeira zum immateriellen Kulturerbe Brasiliens (vgl. 2.4 und 6.2.1) ist ein Beispiel dafür, wie im Zuge dessen Kultur »in nationalstaatlichem, in regionalem und lokalem Zusammenhang zunehmend als eine Ressource instrumentalisiert und für verschiedenste Ziele genutzt [wird]« (ebd.).

Entsprechend nahm die DGV-Regionalgruppe Afroamerika die Tagung zum Anlass, sich mit den Repräsentationen und Inszenierungen von ›afrikanischem‹

86 United Nations Educational, Scientific and Cultural Organization.

und ›indigenem‹ Kulturerbe und daran anknüpfenden Konsumstilen im transatlantischen Kontext auseinanderzusetzen (vgl. ebd.: 15). Die Autorinnen weisen darauf hin, dass »Rück- oder Neubezüge auf ›indigene‹ bzw. ›afrikanische‹ Kulturerben (…) für viele AkteurInnen derzeit wichtige Strategien [sind], um persönliche und kollektive Identitätserzählungen zu formulieren« und erklären dies u.a. damit, dass »die Globalisierung Ökonomien, die auf den symbolischen Wert von Kultur aufbauen, Vorschub geleistet hat« (Drotbohm/Kummels in ebd.: 16). In Bezug auf Capoeira Angola lässt sich dies an der seit den 1980er Jahren erfolgenden Reafrikanisierung und ihrer etwa zeitgleich einsetzenden Popularität außerhalb Brasiliens illustrieren (vgl. 2.3.3). Weitere Untersuchungen auf diesem Gebiet könnten helfen, die vielschichtigen Wechselwirkungen zwischen der Interpretation von Capoeira als ›schwarze Kultur‹ durch die brasilianische Schwarzenbewegung und der zunehmenden Verbreitung von Capoeira Angola weltweit näher zu beleuchten. Derartige Forschungen könnten auch Elemente aus James Cliffords Konzept der ›traveling cultures‹ fruchtbar machen.[87] Dies könnte außerdem zu einem tieferen Verständnis dessen beitragen, welche Rolle die Ressource ›Authentizität‹ in dem Prozess spielt – ein Aspekt, den auch Drotbohm und Kummels hervorheben:

> »Die Frage nach Ursprung, Authentizität und Legitimität bzw. nach den eigentlich ›wahren Besitzern‹ jener Traditionen, die auf das Erbe indigener oder afrikanischer Gruppen zurückgehen, scheint für viele ihrer Anhänger gerade im Kontext globaler Verflechtungen relevant und ist Gegenstand fortwährender Verhandlungen.« (ebd.: 16)

Diese Verhandlungen erfolgen zum einen im nationalstaatlichen und globalen institutionellen Rahmen, wo sie je nach Kontext unterschiedliche Funktionen der Standort-, Symbol- und Identitätspolitik erfüllen können. Zum anderen finden sie aber auch auf der lokalen Ebene statt – im Fall der Capoeira in den einzelnen Gruppen und kleineren Zusammenschlüssen.

Auf der Mikroebene – um die es mir in dieser Arbeit ging – zeichnet sich die Capoeira-Welt dabei durch eine sehr ›zersplitterte‹ und dezentrale Organisationsstruktur aus. Dies liegt zum einen in den vielfältigen Konflikten begründet, die sich oft an unterschiedlichen Interpretationen der Capoeira-Geschichte ent-

---

87 Clifford hebt damit auf ein neues Kulturverständnis ab, das Identität und Tradition als bewegliche, instabile und umkämpfte Kategorien und nicht als feste Gegebenheiten interpretiert. Er fordert deshalb von der Ethnologie, Kulturen nicht mehr naturalisierend als gewachsene, verwurzelte Organismen zu verstehen. Stattdessen solle der Fokus gelegt werden auf »[c]onstructed and disputed *historicities*, sites of displacement, interference, and interaction« (1997: 25, Hervorhebung i.O.) und damit auf *routes* anstelle von *roots*.

zünden. Zum anderen hängt es mit den Vorbehalten zusammen, die vor allem Vertreter/-innen der Capoeira Angola gegenüber institutionalisierten Zusammenschlüssen hegen (vgl. Fußnote 42).

Darüber hinaus führt jedoch gerade die in dieser Arbeit lokal beschriebene spezifische Mischung aus Traditionsbewusstsein und selbstbewusster Weiterentwicklung dazu, dass die Capoeira nicht so leicht von politischer Seite zu vereinnahmen und zu instrumentalisieren ist: Durch diese Wandlungsfähigkeit und Hybridität entzieht sie sich einer eindeutigen Zuordnung und bewegt sich geschmeidig »zwischen Anpassung und Widerstand« (Assunção 1999). Der listig-schlaue *malandro** als historischer ›Prototyp‹ des Capoeirista verkörpert somit nach wie vor treffend zumindest diese Spielart der Capoeira als eine ›widerspenstige‹ Praxis – vielgestaltig, uneindeutig und vielschichtig. Das wird die Popularisierung, ›Versportung‹ und kulturpolitische Instrumentalisierung der Capoeira nicht aufhalten. Umgekehrt ist aber damit zu rechnen, dass diese Tendenzen dem Authentizitätsbewusstsein von Capoeira-Spieler/-innen weltweit neue Impulse und Abgrenzungsmöglichkeiten liefern werden.

8 Literaturverzeichnis

Abu-Lughod, Lila (1990): The Romance of Resistance. Tracing Transformations of Power Through Bedouin Women, *American Ethnologist* 17 (1), S. 41-55.

Aceti, Monica (2010): Des imaginaires en controverse dans la pratique de la capoeira: loisir, »métier« et patrimoine culturel immatériel. *Revue STAPS* 31 (87), S. 109-124.

Aichroth, Anna Katharina (2009): Bewusste Inkorporation. Schechners Performanztheorie am Beispiel der Comunidade da Capoeira Angola Barcelona. Magisterarbeit am Institut für Ethnologie der Universität Tübingen.

Almeida, Renato (1942): O brinquedo da capoeira. *Revista do Arquivo Municipal de São Paulo* 7 (84), S. 156-162.

Alvarez, Johnny Menezes (2007): O aprendizado da capoeira Angola como um cultivo na e da tradição. Tese de doutorado em psicologia, Universidade Federal do Rio de Janeiro, Instituto de Psicologia.

Amado, Jorge (1958): Bahia de Todos os Santos. Guia das ruas e dos mistérios da cidade de Salvador, São Paulo: Martins.

Appadurai, Arjun (1998): Globale ethnische Räume. Bemerkungen und Fragen zur Entwicklung einer transnationalen Anthropologie, in: Beck, Ulrich (Hrsg.): Perspektiven der Weltgesellschaft, Frankfurt a.M.: Suhrkamp, S. 11-40.

Araújo, Paulo C. de und Ana Rosa Fachardo Jaqueira (2009): A luta da capoeira. Reflexões acerca da sua origem, *Antropolítica – Revista Contemporânea de Antropologia* 24, S. 88-103.

Araújo, Rosângela Costa (2004): Iê, viva meu mestre. A Capoeira Angola da '*escola pastiniana*' como práxis educativa. Tese de Doutorado em Educação, Universiade de São Paulo, Faculdade de Educação.

Assunção, Matthias Röhrig (1999): Capoeira. Zur Geschichte einer afro-brasilianischen Kunstform zwischen Anpassung und Widerstand, in: Rothermund, Dietmar (Hrsg.): Aneignung und Selbstbehauptung. Antworten auf die europäische Expansion, München: Oldenbourg, S. 317-44 (digital S. 1-22), www.essex.ac.uk/history/staff/Capoeira_Zur_Geschichte_1999.pdf (letzter Zugriff am 16.08.2010).

--- (2005a): Capoeira. The History of an Afro-Brazilian Martial Art, London: Routledge.

--- (2005b): Brazilian Popular Culture in Historical Perspective. Brazilian Popular Culture or the Curse and Blessings of Cultural Hybridism, *Bulletin of Latin American Research* 24 (2), S. 157-166.

Assunção, Matthias Röhrig und Cinésio Feliciano Peçanha (M. Cobra Mansa) (2008): A dança da zebra. *Revista de História da Biblioteca Nacional* 30, S. 14-21.

Barbosa, Maria José Somerlate (2005): Capoeira: A gramática do corpo e a dança das palavras, *Luso-Brazilian Review* 42 (1), S. 78-98.

Benjamin, Walter (1972): Die Aufgabe des Übersetzers. In: ders.: Gesammelte Schriften Bd. IV/1, Frankfurt a.M., S. 9-21.

Berg, Eberhard und Martin Fuchs (1993): Kultur, soziale Praxis, Text. Die Krise der ethnographischen Repräsentation, Frankfurt a.M.: Suhrkamp.

Bhabha, Homi K. (2000): Die Verortung der Kultur, Tübingen: Stauffenburg Verlag.

Böthin, Stella (2005): Psychosoziale Erfahrungen in der Kampfkunst Capoeira und ihre Einflüsse auf die individuelle Lebensbewältigung – eine qualitative Studie. Diplomarbeit in Psychologie, Universität Bremen, Fachbereich Psychologie.

Breidenbach, Joana und Ina Zukrigl (2000): Tanz der Kulturen. Kulturelle Identität in einer globalisierten Welt, Reinbek bei Hamburg: Rowohlt.

Browning, Barbara (1995): Samba. Resistance in motion, Bloomington and Indianapolis: Indiana University Press.

Brückmann, Thomas (2007): Staubfänger aus Afrika. Wie der Europäer das exotische »Andere« entdeckte und es bis heute in ethnologischen Museen ausstellt, *Jungle World* Nr. 17, http://jungle-world.com/artikel/2007/17/19545.html (letzter Zugriff am 13.03.2012).

Bruner, Edward M. (1994): Abraham Lincoln as Authentic Reproduction. A Critique of Postmodernism, *American Anthropologist* 96 (2), S. 397-415.

Canclini, Néstor García (1995): Hybrid cultures. Strategies for entering and leaving modernity, Minneapolis: University of Minnesota Press.

Capoeira, Nestor (1992): Capoeira. Os fundamentos da malícia, Rio de Janeiro: Record.

Carneiro, Édison (1975): Capoeira. Cadernos de Folclore 1, Rio de Janeiro: Funarte/MEC.

Cascudo, Luís da Câmara (1954): Capoeira. Dicionário do folclore brasileiro, Belo Horizonte/Rio de Janeiro: Itatiaia.

Castro, Maurício Barros de (2007): Na roda do mundo: Mestre João Grande entre a Bahia e Nova York. Tese de doutorado em História Social, Universidade de São Paulo, Faculdade de Filosofia, Letras e Ciências Humanas.

--- (2009): A memória do corpo na narrativa de mestre João Grande. *Antropolítica – Revista Contemporânea de Antropologia* 24, S. 42-63.

Castro Varela, María do Mar und Nikita Dhawan (2005): Postkoloniale Theorie. Eine kritische Einführung, Bielefeld: Transcript.

Chvaicer, Maya Talmon (2002): The Criminalization of Capoeira in Nineteenth-Century Brazil. *The Hispanic American Historical Review* 82 (3), S. 525-547.

Clifford, James (1997): Traveling Cultures. In: ders.: Routes. Travel and translation in the late twentieth century, Cambridge Mass./London: Harvard University Press, S. 17-46.

Comaroff, John (2010): The End of Anthropology, Again: On the Future of an In/Discipline. *American Anthropologist* 112 (4), S. 524-538.

Costa, Sergio (2007): Vom Nordatlantik zum »Black Atlantic«. Postkoloniale Konfigurationen und Paradoxien transnationaler Politik, Bielefeld: Transcript.

Csikszentmihalyi, Mihaly und Jeremy Hunter (2000): The Phenomenology of Body-Mind. The Contrasting Cases of Flow in Sports and Contemplation, *Anthropology of Consciousness* 11 (3-4), S. 5-24.

Da Matta, Roberto (1993): A fábula das três raças, ou o problema do racismo à brasileira. In: ders.: Relativizando. Uma introdução à antropologia social, 4. Aufl., Rio de Janeiro: Rocco.

Desch-Obi, Thomas J. (1992): Capoeira: Martial Art as Spiritual Discipline. *Journal of Caribbean Studies* 9 (1-2), S. 86-98.

--- (2008): Fighting for honor. The history of African martial art traditions in the Atlantic world, Columbia SC: University of South Carolina Press.

DGV, Deutsche Gesellschaft für Völkerkunde (2011): Wa(h)re »Kultur«? Kulturelles Erbe, Revitalisierung und die Renaissance der Idee von Kultur. Call for Papers der DGV-Tagung in Wien, 14.-17. September 2011, www.univie.ac.at/ethnomedicine/PDF/DGV%20Call_for_Papers.pdf (letzter Zugriff am 13.03.2012).

Dossar, Kenneth (1994): Dancing Between Two Worlds. An Aesthetic Analysis of Capoeira Angola, Ann Arbor, Michigan: Temple University.

Downey, Greg (2002): Listening to Capoeira. Phenomenology, Embodiment, and the Materiality of Music, *Ethnomusicology* 46 (3), S. 487-509.

--- (2005): Learning capoeira. Lessons in cunning from an Afro-Brazilian art, Oxford/New York: Oxford University Press.

--- (2008): Scaffolding Imitation in Capoeira. Physical Education and Enculturation in an Afro-Brazilian Art, *American Anthropologist* 110 (2), S. 204-213.

Fabian, Johannes (1983): Time and the other. How anthropology makes its object, New York: Columbia University Press.

Ferreira, Daniel Granada da Silva (2009): Adaptação em movimento. O processo de »transnacionalização« da capoeira na França, *Antropolítica – Revista Contemporânea de Antropologia* 24, S. 64-86.

Fichtl, Barbara (2000): Zur Wanderung einer kulturellen Praktik. Eine Betrachtung der afrobrasilianischen Kampfkunst Capoeira in Deutschland, anhand von ethnographischen Gesprächen. Magisterarbeit im Fachgebiet Völkerkunde, Philipps-Universität Marburg, Fachbereich Gesellschaftswissenschaften und Philosophie.

Fonseca, Vivian Luiz (2008): A capoeira contemporânea: antigas questões, novos desafios. *Revista de história do esporte* 1 (1), S. 1-30.

Frigerio, Alejandro (1989): Capoeira: de arte negra a esporte branco. *Revista Brasileira de Ciências Sociais, Associação Nacional de Posgraduação e Pesquisa em Ciências Sociais* 4 (10), S. 85-98.

Geertz, Clifford (1990): Die künstlichen Wilden. Anthropologen als Schriftsteller, München u.a.: Hanser.

Gilroy, Paul (1993): The Black Atlantic. Modernity and Double Consciousness, Cambridge Mass.: Harvard University Press.

Ha, Kien Nghi (2005): Hype um Hybridität. Kultureller Differenzkonsum und postmoderne Verwertungstechniken im Spätkapitalismus, Bielefeld: Transcript.

--- (2010): Unrein und vermischt. Postkoloniale Grenzgänge durch die Kulturgeschichte der Hybridität und der kolonialen Rassenbastarde, Bielefeld: Transcript.

Hall, Stuart (2000): Was ist »schwarz« an der popularen schwarzen Kultur? In: Räthzel, Nora (Hrsg.): Cultural studies. Ein politisches Theorieprojekt, Hamburg: Argument-Verlag, S. 98-112.

--- (2002): Wann gab es »das Postkoloniale«? Denken an der Grenze, in: Conrad, Sebastian und Shalini Randeria (Hrsg.): Jenseits des Eurozentrismus. Postkoloniale Perspektiven in den Geschichts- und Kulturwissenschaften, Frankfurt/New York: Campus Verlag.

Hamann, Volker und Barbara Wolbert (1988): »Brücke zwischen zwei Welten« und »Zwischenfeld zwischen den Kulturen«. Vorstellungen zu kulturellen Übernahmen aus Afrika in der deutschen Alternativkultur, in: Greverus, Ina-Maria (Hrsg.): Kulturkontakt, Kulturkonflikt: Zur Erfahrung des Fremden. 26. Deutscher Volkskundekongress in Frankfurt vom 28. September bis 2. Oktober 1987, Frankfurt a.M.: Institut für Kulturanthropologie und Europäische Ethnologie, Universität Frankfurt a.M., S. 461-470.

Handler, Richard (1986): Authenticity. *Anthropology Today* 2 (1), S. 2-4.

Hannerz, Ulf (1987): The world in creolisation. *Africa* 57, S. 546-555.

--- (1997): Flows, boundaries and hybrids: keywords in transnational anthropology. (Published in Portuguese as »Fluxos, fronteiras, híbridos: palavras-chave da antropologia transnacional«), Mana 3 (1), S. 7-39 (in der englischen Digitalversion: S. 1-25), www.transcomm.ox.ac.uk/working%20papers/hannerz.pdf (letzter Zugriff am 13.03.2012).

Hauschild, Thomas (2007): Yoga between Indo-Aryan Nationalism and Multisited Fieldwork. *Current Anthropology* 48 (3), S. 463-465.

Hegmanns, Dirk (1998): Capoeira. Die Kultur des Widerstandes, 2. Aufl., Stuttgart: Schmetterling-Verlag.

Herrberg, Nike und Caroline Willand (2001): Die Suche nach dem verlorenen Fremden. Ethnologie – Tochter des Kolonialismus oder postmoderne Wissenschaft? *iz3w* 257, S. 28-31.

Hirschauer, Stefan und Klaus Amann (Hrsg.) (1997): Die Befremdung der eigenen Kultur. Zur ethnographischen Herausforderung soziologischer Empirie, Frankfurt a.M.: Suhrkamp.

Holloway, Thomas H. (1989): »A Healthy Terror«. Police Repression of Capoeiras in Nineteenth-Century Rio de Janeiro, *The Hispanic American Historical Review* 69 (4), S. 637-676.

Hutson, Scott R. (2000): The Rave: Spiritual Healing in Modern Western Subcultures. *Anthropological Quarterly* 73 (1), S. 35-49.

Jandt, Paul (2011): Deutsche Capoeira-Spieler. Deutsche in einer fremden Kultur? Masterarbeit in Sozialwissenschaft, Ruhr-Universität Bochum.

Kapchan, Deborah A. und Pauline Turner Strong (1999): Theorizing the Hybrid. *The Journal of American Folklore* 112 (445), S. 239-253.

Keck, Annette und Armin Schulz (2003): Überdetermination. In: Müller, Jan-Dirk (Hrsg.): Reallexikon der deutschen Literaturwissenschaft, Band 3, Berlin: de Gruyter, S. 715-717.

Kehren, Anna (2004): Die Ladainhas der Capoeira Angola. Literaturwissenschaftliche Betrachtung der einleitenden Gesänge einer afro-brasilianischen Kampf- und Tanzkunst. Magisterarbeit an der Universität Hamburg.

Klein, Gabriele (2009a): Bodies in Translation. Tango als kulturelle Übersetzung, in: dies. (Hrsg.): Tango in Translation. Tanz zwischen Medien, Kulturen, Kunst und Politik, Bielefeld: Transcript, S. 15-38.

--- (2009b): Tango übersetzen. Eine Einleitung, in: dies. (Hrsg.): Tango in Translation. Tanz zwischen Medien, Kulturen, Kunst und Politik, Bielefeld: Transcript, S. 7-11.

Kohn, Tamara (2008): Creatively Sculpting the Self through the Discipline of Martial Arts Training. In: Dyck, Noel (Hrsg.): Exploring regimes of discipline. The dynamics of restraint, New York: Berghahn Books, S. 99-112.

Kubik, Gerhard (1979): Angolan Traits in Black Music, Games and Dances of Brazil. A Study of African Cultural Extensions Overseas, Lissabon: JAcetiunta de Investigações Científicas do Ultramar; Centro de Estudos de Antropologia Cultural.

Künsting, Sabine und Gisela Welz (1988): Fremde Kultur als Muster für Alternativkulturen und soziale Bewegungen. In: Greverus, Ina-Maria (Hrsg.): Kulturkontakt, Kulturkonflikt: Zur Erfahrung des Fremden. 26. Deutscher Volkskundekongress in Frankfurt vom 28. September bis 2. Oktober 1987, Frankfurt a.M.: Institut für Kulturanthropologie und Europäische Ethnologie, Universität Frankfurt a.M., S. 403-409.

Lewis, J. Lowell (1992): Ring of liberation. Deceptive discourse in Brazilian capoeira, Chicago: University of Chicago Press.

--- (1995): Genre and Embodiment. From Brazilian Capoeira to the Ethnology of Human Movement, *Cultural Anthropology* 10 (2), S. 221-243.

Mecheril, Paul (2003): Text als Medium für Text. Method(olog)ische Anmerkungen zur allmählichen Verfertigung eines Interpretationstextes, in: ders.: Prekäre Verhältnisse. Über natio-ethno-kulturelle (Mehrfach-)Zugehörigkeit, Münster/München [u.a.]: Waxmann, S. 32-56.

Mintz, Sidney Wilfred und Richard Price (1992): The Birth of African-American Culture. An Anthropological Perspective, Boston: Beacon Press.

Nederveen Pieterse, Jan (1998): Der Melange-Effekt. Globalisierung im Plural, in: Beck, Ulrich (Hrsg.): Perspektiven der Weltgesellschaft, Frankfurt a.M.: Suhrkamp, S. 87-124.

Norden, Gilbert und Norbert Polzer (1995): Fernöstlicher Sport und abendländische Kultur. Tai Chi Chuan in Österreich und China, in: Winkler, Joachim und Kurt Weis (Hrsg.): Soziologie des Sports. Theorieansätze, Forschungsergebnisse und Forschungsperspektiven, Opladen: Westdeutscher Verlag, S. 187-200.

Okely, Judith (1996): Own or other culture, London/New York: Routledge.

O'Reilly, Karen (2005): Ethnographic Methods, London/New York: Routledge.

Ortner, Sherry B. (1995): Resistance and the Problem of Ethnographic Refusal. *Comparative Studies in Society and History* 37 (1), S. 173-193.

Owensby, Brian (2005): Toward a History of Brazil's »Cordial Racism«. Race beyond Liberalism, *Comparative Studies in Society and History* 47 (2), S. 318-347.

Papastergiadis, Nikos (1997): Tracing hybridity in theory. In: Werbner, Pnina und Tariq Modood (Hrsg.): Debating cultural hybridity. Multi-cultural identities and the politics of anti-racism, London/Atlantic Highlands: Zed Books, S. 257-281.

Peixoto, Rogerio Soares (2003): Baú de Angoleiro – Memórias de Mestre Rogerio. Recolhidas e organizadas por Bernardo Costa Maranhão, Belo Horizonte.

Petridou, Elia (2009): Experiencing Tango as it goes global. Passion, Ritual and Play, in: Klein, Gabriele (Hrsg.): Tango in Translation. Tanz zwischen Medien, Kulturen, Kunst und Politik, Bielefeld: Transcript, S. 57-74.

Pinto, Tiago de Oliveira (1986): Capoeira, das Kampfspiel aus Bahia. In: ders. (Hrsg.): Brasilien. Einführung in Musiktraditionen Brasiliens, Mainz [u.a.]: Schott.

--- (1991): Capoeira, Samba, Candomblé. Afro-brasilianische Musik im Recôncavo, Bahia, Berlin: Staatliche Museen Preussischer Kulturbesitz/Museum für Völkerkunde Berlin.

Ramos, Arturo (1946): As culturas negras no Novo Mundo, 2. Aufl., São Paulo: Nacional.

Reed, Susan A. (1998): The Politics and Poetics of Dance. *Annual Review of Anthropology* 27, S. 503-532.

Rego, Waldeloir (1968): Capoeira angola. Ensaio sócio-etnográfico, Rio de Janeiro: Editora Itapuã, Coleção Baiana.

Reis, Letícia Vidor de Sousa (1993): A capoeira: de »doença moral« à »ginástica nacional«. *Revista de História* 129, S. 221-235.

Rutherford, Jonathan (1990): The Third Space. Interview with Homi Bhabha. In: ders. (Hrsg.): Identity. Community, Culture, Difference, London: Lawrence and Wishart, S. 207-221.

Said, Edward (1989): Representing the Colonized. Anthropology's Interlocutors, *Critical Inquiry* 15 (2), S. 205-225.

Santos, Jocélio Teles dos (1999): Nação Mestiça. Discursos e práticas oficiais sobre os afro-brasileiros, *Luso-Brazilian Review* 36 (1), S. 19-31.

Schneider, Irmela (1997): Von der Vielsprachigkeit zur »Kunst der Hybridation«. Diskurse des Hybriden, in: dies. und Christian W. Thomsen (Hrsg.): Hybridkultur. Medien, Netze, Künste, Köln: Wienand, S. 13-66.

Schwendemann, Andrea (2003): Die mit der Wolfsfrau tanzen. Die Frauenbewegung und die Esoterik, *iz3w* 266, S. 32-33.

Scott, James C. (1990): Domination and the arts of resistance. Hidden transcripts, New Haven: Yale University Press.

Sieber, Cornelia (2003): Die Gegenwart im Plural: postmoderne/postkoloniale Strategien in neueren Lateinamerikadiskursen. Dissertation, Universität Leipzig.

Sieveking, Nadine (2006): Abheben und Geerdet Sein. Afrikanisch Tanzen als transkultureller Erfahrungsraum, Münster: Lit.

Stagl, Justin (2002): Feldforschungsideologie. In: Fischer, Hans: Feldforschungen. Erfahrungsberichte zur Einführung, Berlin: Dietrich Reimer Verlag, S. 267-291.

Stewart, Alex (1998): The ethnographer's method. London/Thousand Oaks, California: Sage Publications.

Streck, Bernhard (1997): Fröhliche Wissenschaft Ethnologie. Eine Führung, Wuppertal: Peter Hammer Verlag.

--- (2004): Die göttliche Bewegung. Zur Interpretation von Sprung und Tanz im archaischen Ritual, in: Fikus, Monika (Hrsg.): Die Sprache der Bewegung, Bielefeld: Transcript.

Tavares, Júlio César de Souza (1984): Dança de Guerra: Arquivo-Arma. Dissertação de Mestrado em Sociologia, Universidade de Brasília, Departamento de Sociologia.

Thomas, Jim (1993): Doing critical ethnography. London/Newbury Park, California: Sage Publications.

Toro, Alfonso de (2002): Jenseits von Postmoderne und Postkolonialität. Materialien zu einem Modell der Hybridität und des Körpers als transrelationalem, transversalem und transmedialem Wissenschaftskonzept, in: Hamann, Christoph und Cornelia Sieber (Hrsg.): Räume der Hybridität. Zur Aktualität postkolonialer Konzepte, Hildesheim [u.a.]: Olms, S. 15-52.

Vassallo, Simone Pondé (2001): Ethnicité, tradition et pouvoir: le jeu de la capoeira à Rio de Janeiro et à Paris. Thèse pour l'obtention du grade de Docteur de l'EHESS en Anthropologie Sociale et Ethnologie, Paris: École des Hautes Études en Sciences Sociales.

--- (2003): Capoeiras e intelectuais. A construção coletiva da capoeira »autêntica«, *Estudos Históricos* 32, S. 106-124.

--- (2005): As novas versões da África no Brasil. A busca das »tradições africanas« e as relações entre capoeira e candomblé, *Revista Religião e Sociedade* 25 (2), S. 161-188 (digital S. 1-44).

--- (2006): Resistência ou conflito? O legado folclorista nas atuais representações do jogo da capoeira, *Campos* 7 (1), S. 71-82.

--- (2009): A memória na Internet: os sites de capoeira e as representações do passado do negro no Brasil. Paper presentado no XIV Congresso Brasileiro de Sociologia, Rio de Janeiro.

--- (o.D.) Identidade negra, cidadania e memória. Os significados políticos da Capoeira de Angola contemporânea, *Interseções* (im Druck).

Veer, Peter van der (1997): »The enigma of arrival«. Hybridity and authenticity in the global space, in: Werbner, Pnina und Tariq Modood: Debating cultural hybridity. Multi-cultural identities and the politics of anti-racism, London/Atlantic Highlands: Zed Books, S. 90-105.

Voss, Ehler (2004): »Hier ist der Holsch und nicht da draußen!« Ethnographie einer alternativen Vergemeinschaftung in Hessen, Leipzig: Leipziger Univ.-Verlag.

Wang, Mu-Yuen (2010): Frauen in der Capoeira – anhand ausgewählter Fallbeispiele in Brasilien. Diplomarbeit in Kultur- und Sozialanthropologie, Universität Wien.

Willson, Margaret (2001): Designs of Deception. Concepts of Consciousness, Spirituality and Survival in Capoeira Angola in Salvador, Brazil, *Anthropology of Consciousness* 12 (1), S. 19-36.

Wohlrab-Sahr, Monika und Aglaja Przyborski (2008): Qualitative Sozialforschung. Ein Arbeitsbuch, München: Oldenbourg.

Wulf, Christoph (2001): Einleitung. In: ders. (Hrsg.): Das Soziale als Ritual. Zur performativen Bildung von Gemeinschaften, Opladen: Leske + Budrich, S. 7-17.

Wulf, Christoph und Jörg Zirfas (2001): Das Soziale als Ritual. Perspektiven des Performativen, in: Wulf, Christoph (Hrsg.): Das Soziale als Ritual. Zur performativen Bildung von Gemeinschaften, Opladen: Leske + Budrich, S. 339-347.

Internetquellen

ACAD: Associação de Capoeira Angola Dobrada, http://www.capoeira-angola.net

Angoleiras do Rio: http://angoleirasdorio.blogspot.com

Berliner Methodentreffen: http://www.qualitative-forschung.de/methodentreffen

CapoEuropa: Capoeuropa – the oldest Webportal about Capoeira in Europe, http://www.capo-europa.com

CPPA, Companhia Pernas pro Ar: Verzeichnis von Capoeria Schulen in Deutschland, http://www.capoeira.de/adressen/adressen.html

FICA Sweden: Capoeira Angola Women Power Conference 2011, http://ficasweden.over-blog.com/article-capoeira-angola-women-power-conference-2011-68720978.html

Fundação Cultural Palmares (2008): Capoeira vira patrimônio cultural brasileiro, http://www.palmares.gov.br/?p=2744

GCAN: Grupo de Capoeira Angola N'Golo, http://blog.angolangolo.com

IPHAN (o.D.): »Bens Registrados«, http://portal.iphan.gov.br/portal/montarPaginaSecao.do?id=12456&retorno=paginaIphan

--- (2008): »Roda de Capoeira e Ofício dos Mestres de Capoeira«, http://portal.iphan.gov.br/portal/baixaFcdAnexo.do?id=1387

Mandingueira: http://mandingueira.com

Moraes, Mestre: Mestre Moraes – GCAP, http://mestremoraes-gcap.blogspot.com

--- (2010a): Mestre Pastinha, o »filósofo da capoeira«, http://mestremoraes-gcap.blogspot.com/2010/04/mestre-pastinha-o-filosofo-da-capoeira.html

--- (2010b): Sem bola de cristal, http://mestremoraes-gcap.blogspot.com/2010/10/sem-bola-de-cristal.html

Alle Internetquellen wurden zuletzt am 13.03.2012 auf ihre Verfügbarkeit überprüft.

Anhang

Glossar

ACAD	*Associação de Capoeira Angola Dobrada,* vertreten in mehreren deutschen Städten sowie in Italien und Brasilien
agogô	Doppelglocke; vgl. Abb. 1
Angoleiros	Capoeira-Angola-Spieler/-innen
atabaque	Trommel, die sowohl in der Capoeira als auch im Candomblé verwendet wird; vgl. Abb. 1
bateria	bezeichnet das ›Orchester‹, das das Capoeira-Spiel musikalisch begleitet; besteht in der Capoeira Angola in der Regel aus drei *berimbaus,* zwei *pandeiros,* einem *agogô,* einem *reco-reco* sowie einer *atabaque*
berimbau	Musikbogen, bestehend aus einem Holzstab, einer Kalebasse und einer Drahtsaite; gibt der *bateria* ihren charakteristischen Klang (vgl. Abb. 1)
Candomblé	afro-brasilianische Religion
Capoeirista	die/der Capoeira-Praktizierende/r
chula	eine Art ›Segnung‹, die zwischen *ladainha* und *corrido* gesungen wird
Contra-Mestre	zweithöchste Position in der Capoeira-Hierarchie; abgekürzt ›CM‹
corrido	Capoeira-Lied, bei dem Vorsänger/in und Chor im Wechsel singen
GCAN	*Grupo de Capoeira Angola N'Golo,* Rio de Janeiro
GCAP	*Grupo de Capoeira Angola Pelourinho,* Salvador
ginga	Wiegeschritt; Grundbewegung in der Capoeira; vgl. Abb. 3
gunga	die größte der drei *berimbaus* mit dem tiefsten Klang; der oder die *gunga*-Spieler/in eröffnet und beendet die *roda* mit bestimmten *toques* und hat häufig auch die Rolle des Vorsängers bzw. der Vorsängerin inne
jogo	Spiel zwischen zwei Capoeiristas

ladainha	›Litanei‹; Gesang, mit dem der/die Vorsänger/in die *roda* eröffnet
malandragem	Gaunertum, Gaunerei; bisweilen auch als Synonym für Capoeira verwendet
malandro	Gauner, ›Schlawiner‹
malícia	List, Schläue
mandinga	Magie, Zauberei/Hexerei
Mestre	Capoeira-Meister; höchste Position in der Capoeira-Hierarchie; abgekürzt ›M.‹
negativa	Capoeira-Figur, Ausweichbewegung; vgl. Abb. 4
pandeiro	Tambourin; vgl. Abb. 1
quilombo	Siedlung entflohener Sklaven
rabo de arraia	Capoeira-Figur, wörtlich übersetzt: ›Rochenschwanz‹; vgl. Abb. 5
rasteira	Capoeira-Figur, Fußfegen/Fußangel; vgl. Abb. 5
roda	bezeichnet den Kreis, in dem das Capoeira-Spiel stattfindet; kann aber auch für das gesamte Ereignis stehen (vgl. Abb. 2)
reco-reco	›Schrappröhre‹ aus Bambus; vgl. Abb. 1
toque	Rhythmusabfolge auf der *berimbau*
treinel	Position in der Capoeira-Hierarchie; wird vom Mestre ernannt; berechtigt dazu, das Training anzuleiten. Bettina bezeichnet es »nicht als Titel, sondern als offiziell machen der Erlaubnis, innerhalb der Gruppe Unterricht zu geben.«

Liste der geführten Interviews

Name*	**Datum des Interviews**	**Beschäftigung und Alter zum Zeitpunkt des Interviews**
Ariane	20.08.10	Projektleiterin im Messe- und Ausstellungsbau; 32 Jahre alt; spielt seit 4-5 Jahren Capoeira
Bettina	21.08. + 23.08.10	Biologin; 47 Jahre alt; spielt seit 1991 Capoeira
Charlotte	22.08.10	Ärztin; 30 Jahre alt; macht seit ca. sieben Jahren Capoeira
Eva	23.08.10	Studentin (Lusitanistik, Politikwissenschaft, Pädagogik); 27 Jahre alt; macht seit drei Jahren Capoeira
Markus	23.08.10	Kulturwissenschaftler, angestellt im städtischen Kultursektor; 32 Jahre alt; spielt seit ca. vier Jahren Capoeira
Nicole	29.08.10	Psychologin; 35 Jahre alt; spielt seit ca. zehn Jahren Capoeira
Robert	01.09.10	Soziologe, zur Zeit ›hauptberuflich‹ Vater einer kleinen Tochter; 29 Jahre alt; macht seit 5-6 Jahren Capoeira
Rogerio	21.08.10	Capoeira-Mestre und Silberschmied; 56 Jahre alt; macht seit 1972 Capoeira
Tanja	10.09.10	macht eine Ausbildung zur Tanzpädagogin; 25 Jahre alt; spielt seit ca. einem halben Jahr Capoeira

* anonymisiert (außer Rogerio)

Abbildungen und Fotos[88]

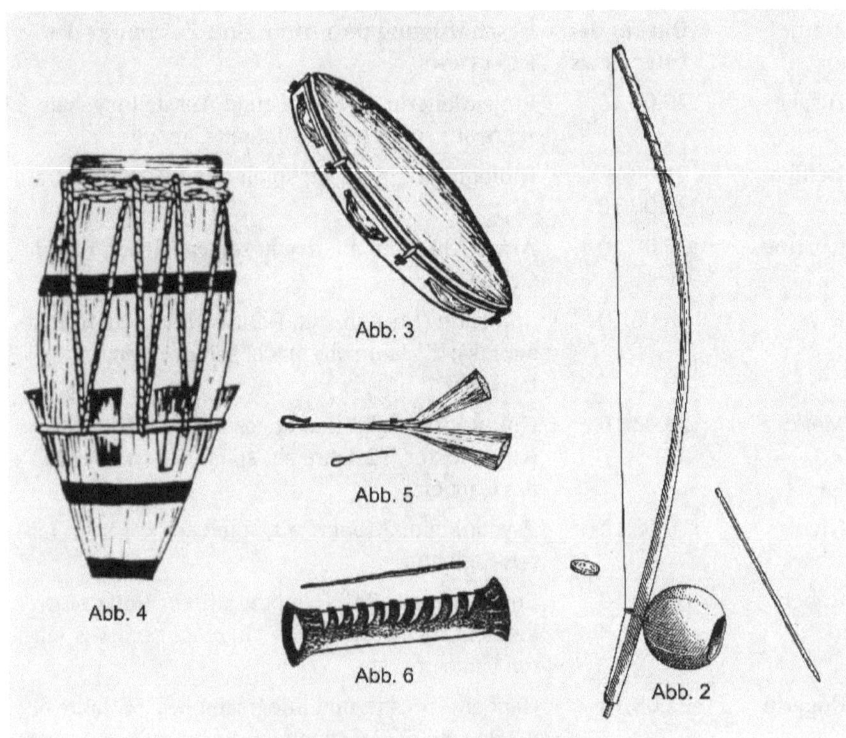

Abb. 1: Instrumente der *bateria*[89]

2: *berimbau*

3: *pandeiro*

4: *atabaque*

5: *agogô*

6: *reco-reco*

88 Für die Fotos danke ich herzlich Eduardo Monteiro vom *Grupo de Capoeira Angola N'golo* in Rio de Janeiro. Dort wurden diese im Jahr 2010 aufgenommen.

89 Quelle: Böthin 2005: 9.

Abb. 2: ***roda***

Abb. 3: ***ginga***

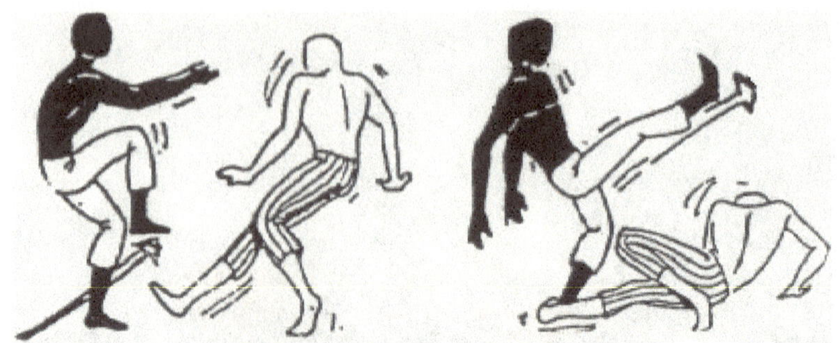

Abb. 4: *negativa* (Figur in gestreifter Hose)[90]

Abb. 5: *rabo de arraia* (Spieler im weißem T-Shirt), *rasteira* (Spielerin im gelben T-Shirt)

90 Quelle: http://www.wu.ac.at/usr/h96b/h9650297/cap-basics.html.

Zeitfracht Medien GmbH
Ferdinand-Jühlke-Straße 7
99095 Erfurt, Deutschland
produktsicherheit@kolibri360.de